Dr. John Coleman

LA GUERRA DE LAS DROGAS CONTRA AMÉRICA

OMNIA VERITAS.

John Coleman

John Coleman es un autor británico y antiguo miembro del Servicio Secreto de Inteligencia. Coleman ha realizado varios análisis del Club de Roma, la Fundación Giorgio Cini, el Forbes Global 2000, el Coloquio Interreligioso por la Paz, el Instituto Tavistock, la Nobleza Negra y otras organizaciones afines al tema del Nuevo Orden Mundial.

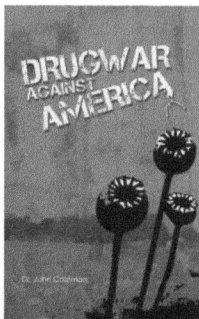

LA GUERRA DE LAS DROGAS CONTRA AMÉRICA

DRUG WAR AGAINST AMERICA

Traducido del inglés y publicado por Omnia Veritas Limited

© Omnia Veritas Ltd - 2022

ⓄMNIA VERITAS®

www.omnia-veritas.com

Capítulo 1

La guerra contra las drogas en Estados Unidos

E l primer paso para resolver un problema es reconocerlo como tal. Estados Unidos tiene un problema de drogas, un enorme problema de drogas que se niega a desaparecer; un problema que no se resolverá hasta que la nación aborde su origen. La mayoría de los estadounidenses saben que hay una epidemia de drogas, pero sólo una pequeña minoría es consciente de que ha sido infligida a nuestra sociedad por los "gobernantes de las tinieblas, los malvados en las alturas, que prefieren las tinieblas a la luz porque sus acciones son malas".

Este libro trata sobre quiénes son estos hombres y cómo dirigen la empresa más grande y rentable del mundo, lo que han conseguido y la eficacia de las medidas adoptadas.

No creas que el tráfico de drogas es sólo un comercio callejero, en el que los traficantes están controlados por la mafia. Esto es ciertamente parte del problema, pero los verdaderos promotores de este comercio maldito se encuentran en los pasillos de la "élite" de este mundo, las familias "reales", las familias "nobles" de Europa y las "mejores" familias de América, Gran Bretaña y Canadá. El comercio llega a las más altas esferas del poder y no ha sido erradicado, sino sólo algo contenido. El Departamento de Agricultura de los Estados Unidos y las agencias antidroga de todo el mundo intentan combatir un incendio forestal con mangueras sin suficiente presión de agua. ¿Cómo es posible?

La respuesta es que el narcotráfico no puede ser erradicado

porque sus directores, los gobernantes de las tinieblas, los villanos de las altas esferas, no permitirán que se les arrebate el negocio más lucrativo del mundo, con beneficios colosales que requieren un capital de inversión mínimo, un producto prácticamente gratuito y con pocos costes de producción. Los únicos problemas a los que se enfrentan los controladores de esta "sociedad" masiva son la entrega y la distribución. Como dije en uno de mis libros, seguramente una nación capaz de organizar un esfuerzo de movilización masiva y enviar un enorme ejército al extranjero para luchar y ganar la Segunda Guerra Mundial puede organizar una campaña para erradicar el tráfico de drogas.

¿Es el narcotráfico una tarea más ardua que la guerra contra Alemania y Japón en la Segunda Guerra Mundial? Por supuesto que no, Estados Unidos puede hacerlo. El problema es que el factor X entra en juego en cuanto la agencia antidroga estadounidense comienza a abordar el problema, y el factor X es la élite gobernante, cuyas enormes fortunas proceden del tráfico de drogas.

Este comercio comenzó en 1652 e involucró a varios países. La "alta sociedad" aristocrática británica dirigía en realidad el lucrativo comercio de opio chino y Lord Palmerston, del gobierno británico, llegó a declararlo en el Parlamento.

La inmensa riqueza y el poder de que gozan las familias de la aristocracia británica -la clase dirigente- se deben directamente a esta actividad odiosa y sucia. Como he dicho a menudo en mis *Informes Semanales de Inteligencia* y en otros lugares, la larga lucha por el control de Hong Kong entre los gobiernos británico y chino no tenía que ver con la masa terrestre de la isla en sí, sino con quién se llevaba la parte del león de los miles de millones de dólares generados por el comercio de opio de China, que representa el 64% de sus ingresos en divisas. Las familias "nobles" de Gran Bretaña siempre se habían llevado la mayor parte del pastel, pero ahora que los chinos exigían un trozo más grande, con el colapso del Imperio Británico y su poder, Gran Bretaña no tuvo más remedio que acceder a su demanda, que venía con una condición. El control del comercio mundial iba a seguir en manos británicas, en las manos contaminadas de las "nobles" y muy respetadas "viejas" familias, las que no darían la hora al pueblo americano, ¡la oligarquía que ocupa los puestos de poder en las altas esferas! La guerra contra las drogas en Estados Unidos dio un nuevo e inquietante giro a principios de la década de 1950, con la introducción del LSD en la juventud estadounidense por parte de Aldous Huxley y Bertrand Russell.

El LSD lo fabrica la familia suiza de la oligarquía y la nobleza negra, Hoffman LaRoche. La experimentación con LSD está oficialmente bajo el control del Centro de Investigación de Stanford, donde se llevaron a cabo amplios experimentos bajo los nombres en clave de "Operación Naomi" y "Operación Alcachofa" con marihuana y cocaína.

El joven estadounidense desapareció bajo una ventisca de polvo blanco producido por las hojas verdes arrugadas. Víctimas consentidas y no consentidas fueron "probadas" en lugares como el Centro de Adicciones, el Hospital Monte Sinaí y el Hospital Psiquiátrico de Boston, por nombrar sólo dos de los mayores centros de pruebas. Con la promoción simultánea de la "música" atonal de Theo Adorno, perfeccionada en Wilton Park, sede de la propaganda británica y centro de desinformación, llegó un impresionante fraude llamado "música rock" interpretada por bandas de rock, que sirvió de medio para la introducción de notorios programas de lavado de cerebro y "pruebas" de drogas.

El primero de muchos engaños de este tipo fue el "descubrimiento" por parte de Ed Sullivan de la banda drogada "The Beatles". Todo el negocio del "rock" fue concebido y perfeccionado en Wilton Park con el objetivo deliberado de utilizarlo como vehículo para atraer a los jóvenes estadounidenses al consumo de drogas y convertirlo en una costumbre social aceptable. El rock fue concebido únicamente como un vehículo para la difusión de drogas y todos los "grupos de rock" "descubiertos" después del experimento de los Beatles se convirtieron en parte de una guerra psicológica contra la juventud de muchos países. Todas las bandas fraudulentas fueron formadas en Wilton Park por expertos que las llamaron "música atonal", tras lo cual Wilton Park desató toda una serie de "bandas de rock" sobre un público estadounidense desprevenido. Ed Sullivan, la personalidad radiofónica más famosa de Estados Unidos, fue cómplice del crimen del siglo al traer a los "Beatles" a Estados Unidos.

Los implicados en la promoción de conciertos de rock o en la distribución de discos y casetes de ese sonido espantoso, una cacofonía de ruido que perturba la mente, deberían haber sido procesados por su participación en la difusión de las drogas. Creo que todos los conciertos de rock son un crimen, porque se utilizan para animar a los jóvenes a consumir drogas. Así es como los conciertos de rock se han organizado principalmente como una tapadera para la distribución de drogas y cómo la "música" de rock se ha convertido en una parte integral de la guerra contra las drogas en Estados Unidos. Es hora de que nosotros, el pueblo, nos quitemos los guantes y golpeemos algunas cabezas.

Será doblemente difícil erradicar el tráfico de drogas mientras no se erradique la "música rock" y se ilegalicen los llamados "conceptos rockeros". Esto significa el cierre de la división de discos de la RCA y, como sabrán los que hayan seguido mis informes a lo largo de los años, la RCA es una rama del servicio secreto británico, que comenzó en 1924, cuando la compañía americana Marconi era una filial de la compañía británica Marconi. Entonces, como ahora, la RCA estaba dirigida por los británicos en virtud del control de Morgan Guarantee sobre el grupo matriz, Westinghouse y General Electric Company. La United Fruit Company -ahora United Brands-, cuyo presidente, Max Fisher, donó enormes sumas de dinero al Partido Republicano en 1972, tenía la franquicia de todos los equipos de comunicaciones vendidos en América Latina y el Caribe por el grupo RCA-Westinghouse-G.E. La RCA tenía vínculos con Alemania antes de la Segunda Guerra Mundial, a través de la amistad de toda la vida del presidente de la RCA, David Sarnhoff, con Hjalmar Schacht, el genio financiero de Hitler. Fueron amistades de este calibre las que impidieron al "juez" Jackson conseguir una condena contra Schacht en los "juicios" ilegales de Nuremberg. El juez Jackson no era en absoluto un juez, sino un abogado, que aceptó la llamada desesperada del gobierno estadounidense para cubrir la vacante en los juicios de Nuremberg. Los jueces ordinarios de Estados Unidos no reconocieron la legalidad del proceso de Nuremberg y rechazaron las ofertas del Departamento de Justicia para representar al gobierno estadounidense.

Me apresuro a añadir que las drogas ilegales "recreativas" fueron completamente erradicadas en Alemania cuando Hitler estaba en el poder. La RCA, a través de Sarnhoff (un antiguo agente de los servicios secretos británicos), realizó esfuerzos personales de recaudación de fondos para varios experimentos y proyectos relacionados con las drogas llevados a cabo por el Instituto de Investigación de Stanford, la misma institución que supervisó el notorio programa experimental MK Ultra de LSD.

¿Y el presente? A mediados de 2009, el panorama general es muy sombrío. La DEA y las autoridades internacionales de lucha contra la droga no han podido hacer ni siquiera una pequeña mella en la bien protegida infraestructura del narcotráfico. A pesar de los crecientes esfuerzos de la DEA, el flujo de drogas hacia Estados Unidos sigue aumentando y está oficialmente fuera de control. Esto no quiere decir que Estados Unidos no pueda detener el comercio. Lo que sí indica es que Estados Unidos está librando una guerra contra las drogas con las dos manos atadas. Los esfuerzos para combatir la amenaza de la droga parecen una producción teatral cómica y no tendrán más éxito que sus anteriores intentos fallidos, hasta que lleguemos a las personas que están detrás de la escena de la droga.

Las siguientes medidas, que no se han tomado, deberían adoptarse sin más demora:

> Cerrar el grifo de la "ayuda exterior" a los países que producen las materias primas para el comercio.

> Estados Unidos también debería suscribir un tratado especial de extradición con los países productores de drogas, que permitiría a los agentes de la DEA operar en los países productores con la facultad de extraditar

a Estados Unidos a los principales productores de drogas.

Si fuimos capaces de formular los estatutos de Nuremberg para los "crímenes contra la humanidad", también debemos ser capaces de formular un acuerdo internacional que otorgue a los agentes estadounidenses un amplio margen de maniobra, pues ¿no es el tráfico de drogas un crimen contra la humanidad?

➢ Los Estados Unidos deben nombrar fiscales especiales (como hicimos en la conspiración Tavistock Watergate) para coordinar todos los procesos penales relacionados con las drogas.

En la medida en que Estados Unidos fue capaz de crear un tribunal internacional en Nuremberg, seguramente podemos hacer lo mismo hoy, porque las drogas y el tráfico de drogas son una guerra contra el mundo civilizado, y sin duda un crimen contra los derechos humanos.

➢ Los EE.UU. deben emprender un programa para animar a los países que producen las materias primas para el comercio a vender toda su "cosecha" a los estadounidenses nombrados y controlados de acuerdo con un acuerdo escrito de que no se producirán más "cosechas".

➢ Los agentes estadounidenses deben contar con un acuerdo para inutilizar el suelo de zonas enteras de cultivo (como Helmand, en Afganistán, cuna de la adormidera) para la plantación de adormidera.

Se puede hacer y es mucho más barato que el enorme coste de vigilar nuestras costas y pagar las facturas médicas de las víctimas del narcotráfico.

➢ Una medida que Estados Unidos puede adoptar fácilmente es aprobar leyes que instituyan la pena de muerte para quien sea sorprendido traficando, vendiendo o promoviendo drogas.

➢ Los drogadictos que sean sorprendidos fumando o

ingiriendo drogas deberían ser juzgados en un tribunal especial y, si son condenados, enviados a un campo reformatorio en medio del desierto de Mojave con el mínimo de comodidades humanas.

Habría un periodo de amnistía durante el cual todos los traficantes tendrían que entregar sus existencias de droga a organismos gubernamentales especialmente seleccionados o a comités de ciudadanos para su incineración inmediata. A partir de entonces, cualquier persona que fuera sorprendida vendiendo drogas o en posesión de drogas para la venta sería ejecutada.

➤ Todos los establecimientos con un alto consumo de drogas, como discotecas y salas de fiesta, deberían ser obligados a cerrar y sus propietarios deberían ser multados fuertemente y condenados a prisión si se demuestra en los tribunales de los fiscales especiales que se consumían drogas en el local. Los "conciertos de rock" deberían prohibirse y los promotores de dichos "conciertos" deberían ser condenados a fuertes multas y penas de prisión.

➤ Cualquiera que transporte drogas a Estados Unidos o a través de las fronteras estatales debe ser juzgado por fiscales especiales en tribunales creados a tal efecto. Si son declarados culpables, los traficantes deben ser condenados a muerte y la sentencia debe ejecutarse sin demora.

➤ El Departamento de Agricultura de Estados Unidos va a firmar tratados con todos los países productores de plantas medicinales que permitirán a los equipos de agentes estadounidenses "buscar y destruir" todos los lugares donde se encuentren plantas medicinales.

La aplicación de un nuevo herbicida "antisolar", compuesto por un aminoácido presente en todas las plantas, consigue este objetivo de forma eficaz y barata. El compuesto es inofensivo para la vida animal y aplasta el crecimiento no deseado mediante la acumulación de aminoácidos en la planta medicada, colapsando el tejido vegetal y deshidratándolo en tres horas.

Este nuevo herbicida es capaz de acabar con todos los arbustos de coca, amapolas y campos de marihuana en su origen, sin dañar los cultivos habituales ni envenenar el suelo. Según el Dr. William Robertson, de la Fundación Nacional de la Ciencia, el herbicida se rocía justo al caer la tarde. En cuanto sale el sol a la mañana siguiente, se pone en marcha una reacción en cadena y las plantas de la droga comienzan a "desangrarse" al perder todos sus fluidos internos. En pocas horas, las plantas rociadas se marchitan y mueren. El herbicida es fácil de aplicar, barato y seguro para el medio ambiente. No reacciona en cultivos alimentarios como el trigo, la cebada, la avena, la soja, etc.

Con apoyo interno y acuerdos internacionales, Estados Unidos podría eliminar las drogas de la faz de la tierra en tres años y a un coste sorprendentemente bajo. El programa podría ser operativo a través de tratados y concordatos. A cualquier país que se niegue a participar en el programa, que incluiría una cláusula que exigiría el despliegue de agentes estadounidenses en su territorio, se le retiraría toda la ayuda exterior de Estados Unidos.

Se debe instituir un boicot comercial mundial (como el que se hizo contra Alemania en 1933) contra los países que se nieguen a firmar, y se debe ejercer presión internacional sobre ellos a través de todos los organismos de la ONU, del tipo que se aplicó despiadadamente contra Sudáfrica e Irak. El nuevo producto, el ALA, ya está disponible y Estados Unidos debe emprender un programa de emergencia para producirlo en cantidades suficientes para su uso en todo el mundo.

¡Debemos movilizarnos para la guerra! La aplicación de este programa en su totalidad requerirá un esfuerzo concentrado, pero no mayor que el requerido en 1939-45. Si fuimos capaces de hacer un gran esfuerzo en la Segunda Guerra Mundial, estamos obligados a hacer el mismo esfuerzo ahora. La seguridad de Estados Unidos nunca estuvo directamente amenazada por Alemania en 1939. Alemania no tiene nada que objetar a los Estados Unidos, pero los traficantes de drogas, las "familias nobles", son una amenaza peligrosa directa y muy presente para nuestra seguridad y nuestro futuro bienestar como gran nación. Estados Unidos debe declarar la guerra a estos países y sus bases de producción y sistemas de transporte y distribución deben ser aniquilados. Debemos movilizar nuestros enormes recursos de potencial humano y técnico para enfrentarnos y destruir a los señores de la droga.

Durante los últimos 34 años, el pueblo estadounidense ha observado impotente cómo la marea de la guerra se ha vuelto en su contra. Hasta ahora, el pueblo estadounidense no se ha dado cuenta de que estamos en guerra porque el enemigo no podía ser identificado tan fácilmente como nuestras fábricas de propaganda identificaron a Alemania en 1939. Estos mismos "creadores de opinión" propagandísticos son muy reacios a abordar la cuestión de las drogas, lo que no es en absoluto sorprendente si se tiene en cuenta que los "creadores de opinión" forman parte de la misma red. Es absolutamente necesario hacer comprender a los estadounidenses que los obscenos beneficios de la droga, que arruinan millones de vidas cada año, también financian el terrorismo internacional.

Las recientes estadísticas de la DEA muestran un alarmante aumento del número de consumidores de heroína, cocaína y marihuana en Estados Unidos. En cuanto al aspecto terrorista, basta con recordar las actividades de la secta "Sendero Luminoso" en Perú para ver cómo el dinero de la droga ha financiado asesinatos.

Este grupo era una de las bandas terroristas más violentas y despiadadas del mundo, una banda de matones que pretendía apoderarse de Perú para hacerse con el lucrativo comercio de la cocaína, hasta que el presidente peruano Fujimori se involucró personalmente. Pero esta acción le costaría la presidencia y le obligaría a huir a Japón, temiendo por su vida.

La cocaína es una amenaza creciente que afecta a 20 millones de estadounidenses. Popularizada por la jet set y los famosos de Hollywood, atrae a unos 5.000 nuevos usuarios cada día. Frank Monastero, de la DEA, declaró recientemente que los vínculos entre el terrorismo y el tráfico de drogas son muy fuertes, "pero no creo que algunos segmentos de la administración lo vean así".

Aunque Monastero no especificó a qué "segmento" se refería, sé, por conversaciones que he mantenido con algunos funcionarios estadounidenses, que se refería al Departamento de Estado de Estados Unidos.

El Departamento de Estado ha expresado sistemáticamente su oposición a vincular los métodos de control de drogas a la suspensión de la "ayuda exterior" y no ha aceptado aplicar los métodos que he descrito en este libro. Es un hecho bien conocido que los funcionarios del Departamento de Estado consideran que un nombramiento en el campo del control de drogas en el extranjero es la asignación menos deseable en el Servicio Exterior.

El Royal Institute for International Affairs (RIIA) y el Council on Foreign Relations (CFR), que controlan la Rand Corporation (la organización que dio a Daniel Ellsberg la notoriedad de los Papeles del Pentágono), han agravado la situación escribiendo un documento no solicitado, en el que se afirma que los esfuerzos para combatir el consumo de drogas en la educación "son contradictorios, ambiguos y no tienen ningún efecto". Esto es evidentemente falso, pero ¿qué otra cosa se puede esperar de una institución dirigida por el Instituto Tavistock de Relaciones Humanas,[1] cuyos amos son las mismas personas que se benefician del vil tráfico de drogas? El Informe Rand fue como disparar a nuestras propias tropas, porque si hubiera disparado a los drogadictos, ¡habría disparado a sus amigos, no a sus enemigos! El resultado neto del Informe Rand fue desalentar los programas de educación antidroga. Sin embargo, Rand recibe importantes fondos del gobierno estadounidense, un ejemplo de las contradicciones de nuestros esfuerzos por minimizar el tráfico de drogas.

La Oficina General de Contabilidad (GAO) calcula que sólo el

---

[1] Véase *El Instituto Tavistock de Relaciones Humanas*, Omnia Veritas Ltd, www.omnia-veritas.com.

diez por ciento de las drogas que entran de contrabando en Estados Unidos son interceptadas por las fuerzas del orden. Esto debería ser una llamada de atención. ¿Cómo es posible que una nación altamente industrializada, con tanta mano de obra, dinero y recursos técnicos, sólo sea capaz de interceptar un porcentaje tan pequeño de drogas? Hay que buscar la "mano oculta", el poder que controla el narcotráfico entre bastidores, la misteriosa "Fuerza X". Para responder adecuadamente a la pregunta, trataré este aspecto a medida que avancemos.

Un documento reciente que he visto indica que la producción de adormidera en China ha aumentado un 50% desde el año 2000. Otras estadísticas del documento afirman que la producción de marihuana y de hoja de coca ha aumentado un 30 y un 40 por ciento, y que la producción de opio procedente de la amapola en Afganistán ha pasado de 4.000 libras a 6.000 libras al año desde la invasión de ese país por las tropas estadounidenses y de la OTAN en 2003. ¿Cómo se ha conseguido esto? A través de una guerra total contra América dirigida por el RIIA, Wilton Park, el Instituto Tavistock, el CFR y la oligarquía gobernante de las familias nobles negras de Europa. Su principal herramienta en esta guerra ha sido -y sigue siendo- las "bandas de rock" y los "conciertos de rock" y la promoción incesante de la decadente cacofonía de música atonal destructora de la mente que pasa por "música". Esta herramienta, utilizada por primera vez en 1950, es la principal arma del arsenal del enemigo en su guerra contra Estados Unidos y seguirá utilizándose para propagar la droga hasta que alguien acabe con ella de una vez por todas.

Volviendo al tráfico de heroína, las principales zonas de cultivo de adormidera se encuentran en el "Triángulo de Oro" del sudeste asiático y en la "Media Luna de Oro" de Irán, Afganistán y Pakistán, respectivamente.

Vale la pena recordar que las familias de la "alta burguesía" británica hicieron su fortuna enviando opio desde los campos de Afganistán y Pakistán a los consumidores de China, donde establecieron los contactos necesarios durante un siglo que les permiten continuar este comercio de forma segura y rentable en la actualidad.

En cuanto a Oriente Medio, la mayor parte del opio en bruto transita por Líbano, Siria y Turquía. Tras un tratamiento intermedio, se transporta a Europa a través de Fráncfort. La "Mafia de Fráncfort" se encarga de la distribución del opio, y el tristemente célebre Meyer Lansky (miembro destacado del sindicato del crimen, ya fallecido) era el capo de esta operación. A la muerte de Lansky, el puesto pasó a manos del general israelí Ariel Sharon, que lo ocupó hasta su muerte. Sharon tenía fuertes vínculos con países "productores" como Bolivia y Perú, ambos grandes productores de la hoja de coca con la que se fabrica la cocaína. El Líbano fue invadido para ser dividido en feudos y, como revelé en uno de mis informes, Rifaad Assad, hermano del presidente sirio Hafez Assad, fue puesto primero bajo arresto domiciliario y luego desterrado de Siria debido a los tratos "privados" que estaba haciendo con Sharon. La expulsión de Rifaad Assad de Siria se convirtió en un asunto de Estado, pero la verdadera razón de su expulsión - delitos relacionados con las drogas - nunca se hizo pública.

Informes secretos del Senado indican que el Departamento de Estado de EEUU no siguió la directiva del Presidente Reagan de reprender a los países productores de drogas. Esto no debería ser una sorpresa, teniendo en cuenta los antecedentes y el control que ejerce Chatham House a través del agente británico George Shultz, el antiguo Secretario de Estado nombrado por el presidente G.H.W. Bush, antiguo jefe titular del Eastern Liberal Establishment con fuertes vínculos con el tráfico de drogas.

Los países productores de drogas consideran que el problema de las drogas es estadounidense y que mientras haya una demanda estadounidense de drogas, los países productores se limitan a satisfacer esa demanda. Este punto de vista pasa totalmente por alto el hecho de que en China no había originalmente ninguna demanda de opio hasta que fue "creada" por las mismas familias "nobles" sin escrúpulos que luego satisfacían la "necesidad" y suministraban el opio. Algunos senadores creen que la forma de detener este comercio es "legalizar" las drogas, empezando por la marihuana y la cocaína. Por supuesto, se apresuran a añadir que deben ser pequeñas cantidades para uso privado.

Esto es como luchar contra un incendio echando gasolina. Estas mismas personas han creado ejércitos privados en Perú, Bolivia y Colombia para proteger sus enormes inversiones en el tráfico de drogas en esos países. La senadora Paula Hawkins de Florida lo ha confirmado, al igual que fuentes privadas de información, que obviamente no pueden ser nombradas. En Bolivia, Colombia y Perú, estos ejércitos privados bien armados han librado batallas campales con las tropas gubernamentales y a menudo las han derrotado.

Como resultado, los bandidos tienen ahora un control total en las zonas de "cultivo" y los agentes del gobierno deben obtener permiso para entrar en estas zonas. Naturalmente, nunca se da permiso y los agentes del gobierno que entran en la "zona de exclusión" lo hacen con el riesgo de ser asesinados, como lo son muchos. La senadora Hawkins se mostró muy partidaria de cortar la "ayuda exterior" a los países infractores y anunció su intención de hacerlo. La senadora Hawkins fue presidenta del Comité del Senado sobre el abuso del alcohol y las drogas, pero pronto perdió su puesto cuando se volvió demasiado insistente. Hawkins se ha enfrentado a una fuerte oposición dentro del Departamento de Estado, que considera que la "ayuda exterior" es estrictamente de su competencia y no debe interferir en ella. Desde 1946, cuando David Rockefeller instituyó este insidioso regalo del dinero de los contribuyentes estadounidenses y el CFR lo convirtió en ley, el Departamento de Estado ha adoptado una actitud de no intervención en la estafa de la ayuda exterior. El ex subsecretario de Estado interino para los estupefacientes, Clyde D. Taylor, expuso la posición del Departamento de Estado de la siguiente manera:

> Tenemos que mantener el problema de las drogas en perspectiva: tenemos otros intereses diplomáticos en estos países, y si los alienamos a causa de las drogas, podemos lamentarlo cuando los necesitemos unos años más tarde para otra cosa. La idea de revocar la ayuda exterior no es tan sencilla como parece. No tenemos tanta influencia como podría pensarse.

¡Qué confesión!

Sin embargo, a pesar de la oposición del Departamento de Estado, controlado por los británicos, en los últimos cinco años se han hecho algunos progresos, al menos sobre el papel. Se han negociado acuerdos de control de drogas con Pakistán, Bolivia, Perú, México y Colombia, pero en términos muy limitados.

En el caso de Pakistán, la mayor ruta de comercio de opio en bruto del mundo, es dudoso que el acuerdo tenga algún efecto sobre el flujo de opio hacia Estados Unidos, ya que los líderes militares y otras fuerzas del orden se oponen a cualquier control real. Ali Bhutto, ex presidente de Pakistán, fue el único que se opuso activamente al tráfico de drogas bajo la protección de los militares y fue asesinado por su sucesor, el general Zia ul Haq. Bhutto estaba totalmente comprometida con la erradicación del tráfico de drogas en Pakistán, y su firme postura contra las drogas probablemente la llevó a la muerte. Así que no esperes que el comercio de opio en Pakistán se reduzca. Continúa a pesar de que el fiscal general de Estados Unidos, William French Smith, ha visitado Pakistán y ha pedido personalmente al gobierno que lo detenga con una ayuda sustancial de Estados Unidos. La respuesta del presidente ul Haq fue advertir a William French Smith que abandonara Pakistán, ya que no podía garantizar su seguridad personal. Desde entonces, ningún fiscal general de Estados Unidos ha visitado Pakistán.

Al otro lado del mundo, el mayor productor de cocaína es Colombia, aunque con el reciente descubrimiento de nuevas plantaciones de coca en Brasil, parece probable que pierda su posición en favor de Brasil.

La cocaína está clasificada como "no adictiva" y varios médicos destacados a sueldo de los traficantes han declarado que no tiene efectos nocivos duraderos. Pero todo cambió cuando un valiente médico declaró al *New York Times* que las pruebas sobre la cocaína demuestran que, a largo plazo, los consumidores sufren graves daños cerebrales. Según las estadísticas de la DEA que he visto, el 75% de la cocaína y el 59% de la marihuana que entran en América proceden de Colombia.

Bolivia produce el 10%, al igual que Perú, y México el 9% de la marihuana. La marihuana cultivada localmente representa el 11% del mercado, y el 9% procede de Jamaica. La "fabricación" de cocaína es un proceso relativamente sencillo. La planta de la que se extrae la hoja crece de forma silvestre, pero hoy en día también se cultiva en plantaciones. Las hojas son arrancadas de los arbustos por mano de obra barata de los campesinos locales, se colocan en lonas y se estampan, tras lo cual se vierte parafina y carbonato de calcio sobre las hojas parcialmente trituradas, lo que da lugar a una pasta blanca. A continuación se añade ácido sulfúrico y se filtra la mezcla, tras lo cual se añade una sustancia química letal, la acetona, y se deja secar la mezcla. Algunas personas añaden vino blanco a la mezcla, que, al cabo de un tiempo, se convierte en un polvo cristalino blanco y puro: la cocaína. Se necesitan unas 300 libras de hojas de coca para producir una libra de cocaína. El coste de la mano de obra y la materia prima es tan barato que los beneficios de hasta el 5000% son habituales en la fase de productor primario.

Hasta hace poco, el comercio de la droga en Colombia estaba totalmente protegido por el ejército, el poder judicial y los bancos, pero esto terminó cuando la presidenta Betancourt asumió el poder en 1991. Los militares disidentes que solían obtener grandes beneficios de su participación en el tráfico de cocaína y que no estaban dispuestos a apoyar el programa antidroga de Betancourt fueron despojados de su rango y posición. Pero desde la salida de Betancourt, las cosas han vuelto a la "normalidad". La mayor parte del dinero de este comercio está en bancos de Florida y en bancos suizos. La prensa suiza ha llegado incluso a criticar abiertamente a la presidenta Betancourt, afirmando que su política anticocaína sería un duro golpe para la economía colombiana y le costaría mucho al país en divisas. Por supuesto, esto es una gran mentira, ya que la mayor parte de las "divisas" nunca regresan a Colombia, sino que acaban en las arcas de los bancos suizos. No es de extrañar que los banqueros suizos no apreciaran la postura de Betancourt contra la cocaína.

Elementos de la Iglesia gnóstica se han manifestado con fuerza contra Betancourt. En Colombia, la guerrilla del MI9 (conocida por sus siglas FARC) niega que la mayor parte de sus ingresos procedan de fuentes relacionadas con la droga. Betancourt consiguió que el líder, el Dr. Carlos Toledo Plata, firmara un acuerdo con el gobierno colombiano, lo que condujo a una tregua en los combates, pero Plata fue pronto asesinado por los narcotraficantes.

Poco después de este asesinato, dos matones en moto mataron a tiros al Ministro de Justicia colombiano, Rodrigo Lara Bonilla, en la tarde del 30 de abril de 1984. Los dos hombres huyeron a la capital de la droga, Santa Marta, donde están protegidos por los ejércitos privados del ejército revolucionario de las FARC. Ambos asesinatos fueron vistos con buenos ojos por los narcotraficantes, que tienen mucho que perder si Colombia logra erradicar su tráfico de drogas. El ex presidente López Michelson estaba muy implicado en el tráfico de cocaína antes de ser destituido. Huyó del país tras un complot fallido de secuestro de un diputado antidroga y se escondió en París. Su primo Jamie Michelson Urbane guarda una gran suma de dinero en Miami.

Michelson se metió en un gran problema por sugerir que el gobierno colombiano negociara un acuerdo con los narcotraficantes.

El banquero del dinero del narcotráfico, Urbane, que fue presidente del Banco de Colombia, huyó a Miami el mismo día en que dos de sus directivos fueron detenidos por Betancourt bajo el decreto número 2920. La orden de que el ejército comenzara a rociar con paraquat (un agente químico que defolia las plantas y los arbustos) todos los campos en los que crecen las plantas de la droga fue un golpe para los barones de la droga y los que más se beneficiaban del dinero de la cocaína, los oligarcas de la nobleza negra de Europa.

Al demostrar su intención de aplastar el tráfico de drogas, Betancourt ha hecho algo más que hablar y se ha enfrentado a una seria amenaza de asesinato. Nadie debería creer que los señores de la droga y la "nobleza" de Europa se tomarían a la ligera los ataques a su comercio.

Recuerdo bien que cuando los funcionarios estadounidenses se dirigieron a sus homólogos británicos en una reunión de alto secreto celebrada en Cambridge (Inglaterra) en 1985, para pedirles ayuda en la lucha contra el narcotráfico en las Bahamas, se les negó toda ayuda o información. Esto no sorprenderá a nadie que conozca las Bahamas, donde todo el gobierno está involucrado en el tráfico de drogas dirigido por ciertas logias masónicas de Inglaterra, y donde las ganancias se blanquean a través del Banco Real de Canadá. (Recuerde que Canadá es sólo un puesto de avanzada de la familia real británica y no un país en el mismo sentido que Estados Unidos).

Algunos de los principales bancos estadounidenses en países como Panamá facilitan el flujo de dinero -que actualmente se estima en 550 millones de dólares al año- sirviendo de cómodos conductos para individuos de alto rango en Gran Bretaña, Canadá y Estados Unidos. El general Manuel Noriega, como se recordará, se metió en problemas cuando arrancó la tapa de uno de los bancos Rockefeller de Panamá implicado en el blanqueo de dinero de la droga, creyendo erróneamente que estaba cumpliendo los deseos de la DEA estadounidense. Los bancos no son los únicos que protegen y albergan este lucrativo comercio. El Fondo Monetario Internacional (FMI) desempeña un papel cada vez más importante en este comercio. Hay muchas pruebas de que el FMI ha estado protegiendo el tráfico de drogas desde 1960, pero especialmente en relación con las principales instituciones británicas y las familias "nobles" que las dirigen.

En Inglaterra, es perfectamente legal consumir drogas, pero no comerciar con ellas. Esto está en consonancia con las políticas del FMI, que, en el caso de Colombia, considera que el país tiene derecho a ganar divisas exportando drogas hacia donde esté la demanda. Esta posición se basa en el hecho de que los ingresos generados por las drogas ayudan a pagar los préstamos del FMI, lo cual es absolutamente falso. El departamento de banca central del FMI trabaja exclusivamente con bancos extraterritoriales que reciben grandes depósitos en efectivo del tráfico de drogas.

Tras el brutal y descarado asesinato del Ministro de Justicia de Colombia, Rodrigo Lara Bonilla, las "conexiones" del FMI y del Club de Roma entraron en pánico y comenzaron a distanciarse de las "tropas" del M19, mientras Betancourt movilizaba airadamente todas las reservas disponibles, calificando el asesinato de "mancha en el nombre de Colombia". Dirigiéndose directamente al público, Betancourt pidió a todos los ciudadanos que la ayudaran en su lucha contra los traficantes, afirmando que "la dignidad nacional es rehén de estos traficantes".

La Iglesia católica fue invitada a unirse a la lucha y aceptó apoyar al presidente, y sólo la orden de los jesuitas se mantuvo al margen. El presidente Reagan habría hecho bien en emular las tácticas de Betancourt, y creo que habría recibido un apoyo popular sin precedentes. Pero, por desgracia, Reagan no lo hizo. Es gratificante observar que, aunque los jesuitas y los gnósticos se unieron a la guerrilla del M19 para desbaratar las actividades de la organización.

A pesar de los esfuerzos de Betancourt en la lucha contra las drogas, apenas lograron avances, a pesar de la poderosa "mano oculta" que apoyaba sus tácticas combinadas de desarticulación. Betancourt concedió a la DEA el derecho a entrar en Colombia y rociar con paraquat las plantas de droga. También ha concedido varias solicitudes de extradición de destacados narcotraficantes colombianos a los que Estados Unidos lleva tiempo intentando atrapar. Pero hasta ahora, Estados Unidos no ha correspondido y no ha devuelto a Colombia a Michelson Urbane.

Durante su visita a Colombia, la senadora Hawkins elogió los decididos esfuerzos del presidente colombiano por erradicar a los narcotraficantes. Pero mis fuentes me dicen que, a pesar de una importante desaceleración del flujo de cocaína hacia las Américas, evidenciada por un fuerte aumento de su precio, esto no significa que los capos de la droga no estén contraatacando. Hay pruebas de que han ampliado sus operaciones en Argentina y Brasil para obtener nuevos lugares de plantación de coca.

Algunos funcionarios colombianos, que no simpatizan del todo con la presidenta Betancourt, han afirmado que no pueden entrar en los lugares remotos de la selva donde operan los traficantes. La pregunta es: si los narcotraficantes pueden entrar, ¿por qué las fuerzas antidroga del gobierno no pueden hacer lo mismo? Es urgente abordar estos lugares de plantación, ya que hay pruebas de que en estas zonas remotas "impenetrables" crecen campos experimentales de adormidera (de la que se obtiene la heroína), según John T. Cassack, del Comité Selecto de la Cámara de Representantes sobre el Abuso y Control de Narcóticos.

"Los grandes mafiosos" han recorrido un largo camino desde 1970, cuando realmente empezaron a mover la venta de cocaína en Estados Unidos. En 2006, comenzaron a utilizar flotas de barcos, aviones, helicópteros y un ejército privado fuertemente armado. Se han preocupado de actuar como benefactores públicos, financiando muchos proyectos públicos. La opinión pública los ve como "operadores inteligentes" que se aprovechan de un problema puramente estadounidense, una demanda insaciable de cocaína y marihuana en Estados Unidos. Uno de los señores, Pablo Escobar Gavira, ha invertido enormes sumas de dinero en la mejora de las barriadas, un programa administrado por los jesuitas que siempre han favorecido al inmensamente rico Gavira.

En una ocasión, Gavira se gastó 50.000 dólares en la boda de su hija y consiguió ser elegido diputado, obteniendo así inmunidad parlamentaria para no ser detenido. Fue buscado por las autoridades de la DEA estadounidense durante años. Pero después de que el Ministro de Justicia Lara recibiera 22 disparos con una ametralladora Uzi, un gran disgusto se apoderó del pueblo colombiano. Se volvieron contra "los grandes mafiosos" y empezaron a pasar cosas. Incluso los jesuitas se distanciaron de Gavira. Con la transferencia de la jurisdicción sobre los casos de drogas a los militares, los numerosos jueces que solían asistir a las fastuosas fiestas ofrecidas por los narcotraficantes fueron despojados de su antiguo poder. El obispo Darío Castrillón también intentó negar sus vínculos con los narcotraficantes, afirmando que el dinero que recibía de ellos se utilizaba para construir iglesias. La corrupción de los jueces ya no es aceptable, y los tribunales militares creados para juzgar los casos de drogas no pueden ser alcanzados por los corruptores.

Incluso la poderosa familia Ochoa se puso a cubierto, pero hasta su hombre, el presidente López Michelson, estaba en problemas. Ochoa le llamó a Panamá, donde estaba consultando con otros grandes narcotraficantes, para advertirle de las detenciones masivas que se estaban produciendo en su país. Además, Gavira y los tres hermanos Ochoa, que representaban a un centenar de grandes narcotraficantes, acudieron a Michelson en busca de ayuda, pero éste no respondió. Sin embargo, los gánsteres no estaban acabados. En un hecho sorprendente, los Ochoa se reunieron con el fiscal general de Colombia, Carlos Jiménez Gómez, en Panamá. Por alguna razón, Gómez no informó a las autoridades estadounidenses de esta reunión. Si lo hubiera hecho, los agentes de la DEA de EE.UU. podrían haber realizado numerosas detenciones en Panamá. El embajador de Estados Unidos, Alexander Watson, no fue informado de la reunión por Gómez hasta dos meses después del evento. Esto plantea otra cuestión. Dado que se sabe que los agentes antidroga estadounidenses siguen de cerca a todos los grandes narcotraficantes colombianos, ¿cómo es posible que estos agentes no estuvieran al tanto de la reunión en Panamá? La mano oculta, las familias poderosas de América y Europa, los banqueros suizos, el FMI y el Club de Roma, los masones P2 y probablemente el CFR, parecen haber intervenido en esta etapa.

Los Ochoa entregaron un memorando de 72 páginas al Fiscal General, en el que ofrecían desmantelar toda la operación de cocaína en Colombia a cambio de que se les permitiera volver a Colombia sin temor a ser detenidos. El memorándum se entregó a las autoridades estadounidenses, que respondieron que no hacen tratos con delincuentes. En cuanto al Fiscal General Gómez, su poco convincente excusa para reunirse con los narcos sin informar previamente a su gobierno fue que había estado en Panamá por otros asuntos (que no especificó) y que había conocido a los Ochoa por casualidad. Gómez no explicó por qué no telefoneó inmediatamente al presidente Betancourt para informarle de lo que estaba ocurriendo. Lo cierto es que Gómez actuaba a las órdenes de la "mano oculta" del cártel de la droga colombiano. En Colombia, el Fiscal General es nombrado por el Congreso y no tiene que responder ante el Presidente. Pero muchos miembros del Congreso se enfadaron profundamente por las extrañas acciones de Gómez y pidieron su dimisión, que él rechazó.

Escobar Gavira comenzó a operar desde Nicaragua bajo la protección de los sacerdotes jesuitas del gobierno sandinista. Las fotografías tomadas en secreto que muestran a Gavira y sus hombres cargando cocaína en un avión en ese país me parecieron bastante auténticas, pero no tenían fecha. ¿Era esto un indicio de que el gobierno nicaragüense, entonces dominado por los jesuitas, se había unido a la guerra de la droga contra Estados Unidos? Sin embargo, la mayoría de los congresistas y miembros del Senado seguían negándose a dar al presidente Reagan la autoridad necesaria para derrocar al gobierno sandinista.

> La pregunta es por qué "nuestros" representantes se oponen a cualquier esfuerzo para deshacerse del gobierno jesuita-comunista de Nicaragua.

> Más aún, ¿por qué tantos de ellos votaron a favor de la "ayuda exterior" y los "préstamos" para Nicaragua?

> ¿Por qué los senadores de Concini y Richard Lugar votaron para dar a los sandinistas comunistas el dinero de nuestros impuestos?

> ¿Por qué apoyar a personas como Manuel de Escoto, que tiene fama no sólo de ayudar a los narcotraficantes a introducir sus peligrosos cargamentos en Estados Unidos, sino de ir por el mundo atacando a Estados Unidos en cada oportunidad posible?

Hasta que el poder de la mano oculta, el Club de Roma-CFR-Trilateral Eastern Establishment y sus aliados de alto rango sean expuestos, América no puede y no ganará esta terrible guerra. Todos nuestros esfuerzos serán inútiles. Hasta que el gobierno de Estados Unidos no insista en que Panamá detenga las enormes importaciones de lo que yo llamo productos químicos de la droga, no se erradicará el comercio de cocaína en Colombia.

¿Qué hace Panamá con enormes cantidades de parafina, éter y acetona? Estos productos químicos, como es bien sabido, no se pueden importar directamente a Colombia. Por lo tanto, es evidente que las importaciones de Panamá están siendo transbordadas indirecta e ilegalmente a Colombia.

Desde que se escribió este guión en 2003, Colombia se ha visto obligada a convertirse cada vez más en un estado de drogas total. La guerrilla se ha organizado mucho mejor, gracias a tres factores:

> La toma de Panamá, que supuso un aumento del 65% de la droga que entraba en la zona del Canal de Panamá.

> Facilidad para el blanqueo de dinero por parte de los bancos en Panamá.

> Aumento del apoyo a las guerrillas del MI9 proporcionado por Castro.

Como resultado, ahora llegan al MI9 armas de mejor calidad y en mayor cantidad, y aumentan los suministros de dinero en efectivo, lo que contribuye a la expansión del tráfico de drogas en Colombia. Pablo Escobar fue "detenido" en una redada de alto nivel en su casa y complejo de lujo, pero recientes informes de inteligencia afirman que, tras una breve estancia en una prisión estadounidense, fue sacado de los Estados Unidos.

Cuando estaba investigando mis cientos de cuadernos taquigráficos sobre este tema vital, me encontré con algunas estadísticas interesantes que había anotado en mi trabajo de investigación en Londres. El hecho es que en 1930 el capital británico invertido en Sudamérica superaba con creces sus inversiones totales en los llamados "dominios". El 30 de noviembre, el Sr. Graham, una autoridad en la materia, dijo que la inversión británica en Sudamérica "superaba el billón de libras". Esto fue en 1930, y en aquellos días era una suma asombrosa. ¿Cuál fue la razón por la que los británicos invirtieron tanto en Sudamérica? La respuesta es una palabra: DROGAS.

La plutocracia que controlaba los bancos británicos manejaba los hilos del dinero y, entonces como ahora, presentaba una fachada muy respetable. Nunca nadie les pilló con las manos en la masa; siempre tenían testaferros y lacayos dispuestos a asumir la culpa. Entonces, como ahora, los vínculos son siempre los más tenues. Nadie ha sido capaz de poner el dedo en la llaga de las respetables familias bancarias "nobles" de Gran Bretaña, ni antes ni ahora. Pero hay un gran significado en el hecho de que 15 miembros del Parlamento fueran los controladores de este vasto imperio en Sudamérica, incluyendo la familia Chamberlain y la familia de Sir Charles Barry.

Los señores de las finanzas y la respetabilidad británica, que todavía se jactan de la opresión en Sudáfrica, donde los negros tienen las mejores condiciones de toda África, también estaban muy ocupados en lugares como Trinidad y Jamaica, donde también llevaban las riendas del comercio de la droga. En estos países, los plutócratas de las respetables familias de la aristocracia británica mantuvieron a los negros en un nivel no mucho mejor que el de la esclavitud, mientras se pagaban a sí mismos jugosos dividendos. Por supuesto, se escondían detrás de negocios respetables como Trinidad Leaseholds Ltd. (una empresa petrolera), pero la verdadera gallina de los huevos de oro estaba y sigue estando en el tráfico de drogas.

Hasta hace poco, el comercio de opio en China no era un tema muy conocido. Había estado tan bien escondido como podía estarlo. Muchos de mis alumnos venían a preguntarme por qué los chinos eran tan aficionados al opio. Estaban desconcertados por los relatos contradictorios de lo que realmente había sucedido en China. Algunos pensaron que se trataba simplemente de trabajadores chinos que compraban opio en la zona y lo fumaban en un fumadero. Hice lo que pude para iluminar a estas mentes curiosas.

La verdad es que el comercio de opio en China era un monopolio británico sujeto a la política oficial británica. El comercio de opio indobritánico en China es uno de los secretos mejor guardados y los capítulos más ignominiosos de la historia del colonialismo europeo. Las estadísticas muestran que casi el 13% de los ingresos de la India bajo el dominio británico procedían de la venta de opio a los adictos chinos. Los adictos no aparecieron de la nada; fueron creados. En otras palabras, primero se creó un mercado de opio entre los chinos, y luego la "demanda" fue satisfecha por la oligarquía británica, los propietarios de los diversos bancos de Londres.

Este lucrativo comercio es uno de los peores ejemplos de explotación de la miseria humana y es un testimonio único de los negocios sucios que lleva a cabo la City de Londres, que sigue siendo el centro de los "negocios sucios" del mundo financiero hasta el día de hoy. Por supuesto, usted duda de esta afirmación: "Mire el *Financial Times*", dice, "está lleno de negocios legítimos". Por supuesto que sí, pero no creerás que los aristócratas nobles van a anunciar la verdadera fuente de sus ingresos en el *Financial Times*, ¿verdad?

Los británicos no anunciaron el hecho de que el opio se enviaba desde los valles de Benarés y el Ganges en la India a China, donde se procesaba parcialmente bajo un monopolio estatal, una administración que existía únicamente para supervisar el comercio del opio. No esperabas leer eso en el *London Times* en su momento, ¿verdad?

Sin embargo, este comercio ha sido llevado a cabo desde 1652 por la ilustre Compañía de las Indias Orientales, en cuyo consejo se sentaban los miembros más importantes de la aristocracia británica. Eran de una especie superior al rebaño común de la humanidad. Eran tan elevados y poderosos que creían que incluso Dios acudía a ellos para pedir consejo cuando tenía un problema en el cielo. Más tarde, la Corona británica se alió con esta sinvergüenza Compañía de las Indias Orientales y la utilizó para producir opio en Bengala y en otros lugares de la India y para controlar las exportaciones mediante lo que denominó "derechos de tránsito", es decir, un impuesto aplicado a todos los productores de opio, debidamente registrados ante las autoridades estatales, que enviaban su producción a China. Antes de 1885, cuando el opio todavía era "ilegal" (esto era simplemente una palabra utilizada para un mayor tributo de los cultivadores de opio - nunca hubo ningún intento de detener el comercio) se enviaban cantidades absolutamente colosales de opio a China. Los británicos se habían vuelto tan audaces que al otro lado del mundo intentaron vender esta sustancia mortal en forma de píldora a los ejércitos de la Unión y de la Confederación. ¿Se imaginan lo que le habría pasado a Estados Unidos si el plan hubiera tenido éxito? Todos los soldados que sobrevivieron a esta terrible tragedia habrían abandonado el campo de batalla completamente adictos al opio.

Los mercaderes y banqueros de Bengala estaban engordados y satisfechos con las enormes sumas de dinero que entraban en sus arcas gracias a este comercio de opio de Bengala comprado por la Compañía Británica de las Indias Orientales (BEIC). Por lo tanto, sus beneficios estaban a la altura de los obtenidos por la empresa farmacéutica número uno, Hoffman La Roche, la misma Hoffman La Roche que fabrica, entre otras cosas, el LSD. Hoffman La Roche invoca la Ley de Espionaje Industrial suiza contra cualquiera que se atreva a poner en evidencia su codicia rapaz, por lo que hay que tener cuidado al expresar una opinión.

En cualquier caso, Hoffman La Roche fabrica un medicamento de uso común, el Valium. Les cuesta unos 3,50 dólares por 2,5 libras. Lo venden a 20.000 dólares el kilo, y para cuando el público estadounidense, que usa Valium en cantidades astronómicas, se hace con él, ¡el precio es de 50.000 dólares el kilo! Hoffman La Roche hace lo mismo con la vitamina C, sobre la que tiene un monopolio similar. Su producción les cuesta alrededor de 1 céntimo por kilo y lo venden con un beneficio de alrededor del diez mil por ciento.

Cuando un buen hombre llamado Adams, que trabajaba para ellos, reveló esta información a la Comisión Económica Europea (Comisión de Monopolios de la CEE), fue detenido y maltratado por la policía suiza, que lo mantuvo incomunicado durante tres meses. Entonces fue expulsado de su trabajo y de Suiza, perdiendo su pensión y todo lo demás. Como ciudadano británico, siguió luchando contra Hoffman La Roche. Recuerde esto la próxima vez que vea a estos educados y correctos empresarios suizos. Suiza es mucho más que esquí alpino y aire puro bajo el cielo azul. Hace tiempo que se sospecha que su sector bancario se nutre del comercio de la droga, tanto legal como ilegal, y de los enormes beneficios que obtienen los líderes del narcotráfico, esos sabuesos. La imagen "limpia" de Suiza comienza a empañarse cuando se retira la esquina de las cubiertas. Cuando era Primera Ministra, la Sra. Thatcher recorrió los puestos aduaneros británicos del aeropuerto londinense de Heathrow. Su objetivo era dar a los funcionarios de aduanas una "charla de ánimo" para hacer frente a la amenaza de la droga. ¡Qué hipocresía! El principal periódico conservador británico se burló de los esfuerzos de la Sra. Thatcher, pero no la llamó hipócrita, ni divulgó la verdad sobre quién era el responsable de la amenaza.

"Oh", dices, "pero los americanos y los británicos han hecho notables incautaciones de droga recientemente". Sí, pero eso es el 0,0009% del valor total de los medicamentos disponibles en el mercado. Esto es lo que los grandes narcotraficantes y sus respetables banqueros llaman "parte del coste de hacer negocios". Cualquiera que haya asistido a los funerales de un joven drogadicto -y hay muchos cada día- no puede dejar de conmoverse ante las declaraciones del Primer Ministro sobre los problemas de la droga en Gran Bretaña. Es probable que nadie se escandalice por su dureza con los narcotraficantes. "Estamos detrás de ti", dijo. "Te perseguiremos sin descanso".

Sra. Thatcher:

> "El esfuerzo será cada vez mayor hasta que os ganemos. El castigo serán largas penas de prisión. La pena será la confiscación de todo lo que haya obtenido mediante el contrabando de drogas. Muchos británicos también rechazarán los llamamientos desde el extranjero para ayudar a los británicos atrapados por el contrabando de drogas, como un joven británico condenado a muerte en Malasia por intentar pasar heroína de contrabando por el aeropuerto de Penang. No tiene sentido llamarnos. Por toda Malasia se encuentran carteles que dicen que la pena por tráfico de drogas es la muerte. "

Eso está bien, pero entonces debería aplicarse a todos los que están en la cima de la aristocracia inglesa con la misma fuerza. Cuando un joven británico fue ejecutado en Malasia por tráfico de drogas, también debieron hacerlo la mitad de las personas del Peerage de Debretts (una lista de la corteza superior de las familias tituladas inglesas). ¿A quiénes creía la Sra. Thatcher que afectaría su nueva postura "dura"? ¿Creía que las grandes familias de Hong Kong, los Keswicks y los Mathesons, se dejarían intimidar por su retórica? Puede que sus palabras hayan tenido el efecto de ahuyentar a unos cuantos alevines, pero los grandes peces lisos escaparon de su red y los alevines atrapados fueron rápidamente sustituidos por miles más, deseosos de ocupar su lugar.

La amenaza de la droga no se abordará en las esquinas. En lo que a mí respecta, y en mi opinión, basada en mis años de investigación sobre el tema, el tráfico de drogas, al menos en Gran Bretaña, está dirigido por las personas más altas de la jerarquía británica, que incluso utilizan instituciones como la Venerable Orden de San Juan de Jerusalén.

Ya en 1931, los directores generales de las cinco principales empresas inglesas fueron recompensados con el nombramiento de pares del reino. ¿Quién elige las distinciones otorgadas a los altos ejecutivos de la industria farmacéutica? En Inglaterra, es la reina Isabel Guelph, más conocida como la jefa de la Casa de Windsor. Los bancos que participan en este negocio son demasiado numerosos para enumerarlos, pero algunos de los principales son el Midland Bank, el National and Westminster Bank, el Barclays Bank y, por supuesto, el Royal Bank of Canada.

Muchos de los llamados "banqueros de inversión" de la City de Londres están metidos hasta el cuello en el tráfico de drogas, venerables instituciones financieras como Hambros, por ejemplo. Permítanme ser más específico y mencionar nombres ilustres como la familia de Sir Anthony Eden.

Según los documentos secretos que he visto, y de acuerdo con mi mejor análisis de estos documentos, la familia Eden se habría clasificado en la "lista de honores" de la señora Thatcher. Si uno pudiera examinar los archivos de la Oficina de la India en Londres, como he tenido la suerte de hacer, creo que quedaría claro que no se puede sacar otra conclusión. Estoy profundamente en deuda con el custodio de los papeles del difunto profesor Frederick Wells Williamson por la ayuda y asistencia que me ha prestado en mis estudios de estos documentos. Si estos papeles se hicieran públicos, ¡qué tormenta estallaría sobre las cabezas de las víboras coronadas de Europa! La avalancha de heroína amenaza con engullir el mundo occidental. Esta vasta empresa está siendo dirigida y financiada a ambos lados del Atlántico, por ciertos miembros del establishment liberal angloamericano.

¿Qué es la heroína?

Es un derivado del opio, y el opio, según el famoso Galeno, es una droga que adormece los sentidos e induce al sueño. También es una de las drogas más adictivas del mercado. La semilla de adormidera, con la que se elabora la pasta de opio, era conocida desde hace mucho tiempo por los mogoles de la India, que utilizaban semillas de adormidera mezcladas con hojas de té y servían esta bebida a sus enemigos cuando no era conveniente cortarles la cabeza.

Ya en 1613, el primer opio llegó a Inglaterra procedente de Bengala a través de la Compañía de las Indias Orientales, pero estas importaciones eran sólo en pequeñas cantidades. Era imposible conseguir que la burguesía inglesa consumiera la droga, razón por la cual la Compañía Británica de las Indias Orientales la importó en primer lugar. Ante tal fracaso, la oligarquía comenzó a buscar un mercado que no fuera tan inflexible, y China fue su elección.

En los *Antiguos Registros Misceláneos de la Oficina de la India*, encontré la confirmación de que el comercio del opio despegó realmente con la introducción de la droga en China. Así lo confirman también los documentos personales de Sir George Birdwood, funcionario de la Compañía Británica de las Indias Orientales (BEIC). Pronto se enviaron grandes cantidades de opio a China. Donde la BEIC fracasó en Inglaterra, tuvo un éxito más allá de sus expectativas más optimistas entre los coolies de China, cuyas vidas miserables se hicieron soportables gracias a la droga.

No fue hasta 1729 cuando el gobierno chino promulgó la primera de las muchas leyes contra el consumo de opio, y a partir de ese momento la oligarquía británica comenzó una batalla contra las autoridades chinas, batalla que los chinos perdieron. Las autoridades estadounidenses están librando una batalla similar contra los señores de la droga actuales, y al igual que los chinos perdieron su batalla, los Estados Unidos están perdiendo la batalla actual.

Cuando hablo del opio de Bengala en la India, me refiero al opio elaborado a partir de las vainas de la adormidera cultivada en la cuenca del Ganges. El mejor opio procede de Bihar y Benarés, y por supuesto hay mucho opio de calidad inferior procedente de otras partes de la India. Últimamente, el opio de excelente calidad (si la palabra "excelente" puede aplicarse a un producto tan peligroso) está saliendo de Pakistán en cantidades muy grandes. Los beneficios de este vasto comercio han sido conocidos durante muchos años como el "botín del imperio".

En un notable juicio celebrado en 1791, un tal Warren Hastings fue acusado de ayudar a enriquecer a un amigo a costa de la Compañía de las Indias Orientales. La redacción actual es interesante, ya que confirma la enorme cantidad de dinero que se hizo.

La acusación era que Hastings había concedido "un contrato para el suministro de opio durante cuatro años a Stephen Sullivan Esq. sin anunciar el contrato, en términos manifiestamente obvios y abusivos, con el propósito de crear una fortuna instantánea para dicho Stephen Sullivan Esq. Como la Compañía de las Indias Orientales, semioficial y luego oficial, tenía el monopolio, los únicos que podían hacer "fortunas instantáneas" eran las llamadas familias "nobles", "aristocráticas" y oligárquicas de Inglaterra. Los forasteros, como el Sr. Sullivan, pronto se encontraron con problemas si tenían la audacia de intentar ayudarles a entrar en el juego de los negocios multimillonarios.

En 1986 vi una publicación de la más dudosa procedencia (quiero decir que era obviamente un producto del tercer departamento del KGB), que pretendía demostrar que el tráfico de drogas estaba vinculado a los míticos "nazis". La organización que imprimió la cosa sigue tras los nazis. Si un camello del zoo de Nueva York se resfriara, sería culpa de los míticos "nazis".

Cinco años de investigación, incluyendo varias conversaciones personales con el hombre que supuestamente era el líder y el genio organizador detrás de las míticas cuentas bancarias nazis en bancos suizos, me han convencido de que los autores de los documentos impresos estaban simplemente proporcionando desinformación barata. Los llamados "nazis" no tenían absolutamente nada que ver con el tráfico de drogas, a diferencia de los británicos y los estadounidenses, un hecho bien conocido por la DEA estadounidense.

Como ya he señalado muchas veces, y todavía hay escépticos, la Honorable BEIC, con su larga lista de directores que eran honorables miembros del Parlamento y que sólo pertenecían a los mejores clubes de caballeros de Londres, manejaba el lucrativo comercio del opio y no toleraba ninguna interferencia del Gobierno británico ni de ningún otro. El comercio entre Gran Bretaña y China era el monopolio de la BEIC. La empresa tenía un pequeño truco: la mayoría de sus miembros, en la India y en el país, eran también magistrados. Incluso se necesitaban pasaportes expedidos por la empresa para aterrizar en China.

Cuando varios investigadores llegaron a China para investigar las acusaciones de comercio de opio en Inglaterra, los "magistrados" de la Compañía de las Indias Orientales les retiraron rápidamente sus pasaportes británicos. Los roces con el gobierno chino eran habituales. Oficialmente, China había aprobado una ley (el edicto de Yung Cheng de 1729) que prohibía la importación de opio. Sin embargo, la Compañía Británica de las Indias Orientales se aseguró de que el opio siguiera figurando en el libro de aranceles chino hasta 1753, con un derecho de tres taels por ración de opio. En aquella época, el servicio secreto especial del monarca británico (los "007" de la época) se encargaba de comprar a las personas problemáticas o, si no se las podía comprar porque tenían mucho dinero, simplemente se las eliminaba.

El capitalismo colonial británico ha sido siempre la principal estancia de los sistemas feudales de los oligarcas ingleses, y lo sigue siendo hasta hoy. Cuando los pobres, incultos y militarmente mal equipados granjeros-guerrilleros sudafricanos cayeron en 1899 en manos de la aristocracia británica, manchadas de droga, no tenían ni idea de que la cruel e implacable guerra que se libró contra ellos sólo fue posible gracias a las increíbles sumas de dinero procedentes de las "fortunas instantáneas" del comercio de drogas británico en China, que fluyeron a los bolsillos de los plutócratas que organizaron la guerra. Los verdaderos instigadores de la guerra fueron Barney Barnato y Alfred Belt, ambos de Alemania, y Cecil John Rhodes, agente del banco Rothschild, un banco inundado de un mar de dinero generado por el tráfico de drogas. No satisfechos, querían las riquezas de oro y diamantes que se encontraban bajo el suelo estéril del veld sudafricano. Estos tres hombres robaron a los bóers, legítimos propietarios del oro y los diamantes, una fortuna colosal, con la ayuda, el estímulo y la protección del Parlamento británico.

Los Joel y los Oppenheimer, que eran las principales familias implicadas en la extracción de oro y diamantes, son, en mi opinión, los mayores ladrones que han desfigurado esta Tierra, y no me disculpo por emitir un juicio tan duro.

El sudafricano medio, que debería haberse beneficiado de los miles de millones de dólares de oro y diamantes extraídos del subsuelo de Sudáfrica, no recibió prácticamente nada de esta inmensa fortuna. En resumen, a los sudafricanos se les ha robado su derecho de nacimiento, porque a diferencia del verdadero capitalismo, el sistema capitalista babilónico de Sudáfrica no permite compartir la riqueza; no se filtra hacia los que se la han ganado.

Es el crimen del siglo, financieramente hablando, y todo fue posible gracias a la inmensa fortuna del comercio del opio, que permitió a la reina Victoria financiar una gran guerra de opresión contra los bóers. Es prácticamente imposible para un extraño penetrar en los secretos de la oligarquía británica y de las familias interdependientes que la componen. Calculo que el 95% de la población británica tiene que conformarse con menos del 20% de la riqueza nacional del país, y esto es lo que llaman "democracia". No es de extrañar, pues, que los Padres Fundadores de la República Americana odiaran y despreciaran la "democracia".

El camuflaje que los oligarcas han pintado sobre sí mismos como coloración protectora es muy difícil de penetrar. Sin embargo, afecta a la vida de todos los estadounidenses, ya que lo que dicta Gran Bretaña, lo lleva a cabo Estados Unidos.

La historia está llena de estos ejemplos. No hay más que ver la propaganda británica que arrastró a Estados Unidos a la Primera Guerra Mundial mediante la gran mentira del hundimiento del Lusitania para ver cuán cierta es mi afirmación. No estamos hablando de "simpáticos caballeros británicos", sino de una élite despiadada que está decidida a proteger su modo de vida y que está inextricablemente vinculada al tráfico de drogas.

La mayoría de los líderes políticos británicos de cierta relevancia son todos descendientes de las llamadas familias con título, que pasa a la muerte del titular al hijo mayor. Este sistema ha servido para disimular un elemento especialmente extraño que se ha colado en la alta aristocracia. Tomemos el ejemplo del hombre que dictó la conducción de la Segunda Guerra Mundial, Lord Halifax, el embajador británico en Washington. Su hijo, Charles Wood, se casó con una señorita Primrose, pariente de la muy innoble Casa Rothschild. Detrás de nombres como Lord Swaythling estaba el de Montague, asociado a la reina Isabel, accionista mayoritario de la petrolera Shell. Por supuesto, nada se dice de su inmensa fortuna procedente del tráfico de drogas, un comercio que, como he demostrado, se remonta al siglo 18 ème.

Uno de los principales actores del comercio de opio en China era Lord Palmerston, que se aferraba obstinadamente a la creencia de que el comercio podía continuar indefinidamente.

En una carta de uno de sus hombres en el lugar, un tal Sr. Elliott, afirmaba que una cantidad suficiente de opio entregada al gobierno chino crearía un monopolio. A partir de entonces, los británicos restringían las entregas, obligando al "coolie" chino a pagar más por sus dosis. Luego, cuando el gobierno chino estaba de rodillas, los británicos volvían a ofrecerles el suministro a un precio más alto, manteniendo así su monopolio a través del gobierno chino. Pero el plan no tuvo éxito por mucho tiempo. Cuando el gobierno chino respondió destruyendo grandes cargamentos de opio almacenados en un depósito, y se ordenó a los comerciantes británicos que firmaran un acuerdo individual para no importar más opio a la ciudad de Guangzhou, éstos tomaron represalias contratando a varias compañías de fachada para que importaran en su nombre y no pasó mucho tiempo antes de que muchos barcos en las carreteras de Macao contuvieran cargamentos completos de opio.

El comisario chino Lin dijo:

> "Hay una gran cantidad de opio a bordo de los barcos ingleses que ahora se dirigen a este lugar (Macao) y que nunca será devuelto al país del que procede. Debe venderse aquí en la costa, y no me sorprenderá saber que se introduce de contrabando bajo los colores americanos. "

Pero pasemos a la historia más reciente de este infame comercio, que se ha ampliado para incluir vastas cantidades de cocaína, y drogas producidas legalmente con enormes beneficios, como el Valium, y otros llamados "medicamentos de prescripción". Las familias oligárquicas británicas trasladaron su sede de Guangzhou a Hong Kong, pero siguieron con el mismo negocio. En 2009 siguen ahí, como demuestra la lista de nombres destacados de la colonia.

Como he dicho en libros anteriores, una industria secundaria derivada del comercio del opio ha convertido a Hong Kong en el centro de comercio de oro más importante del mundo. El oro se utiliza para pagar a los campesinos que producen el opio en bruto; después de todo, ¿qué haría un campesino chino con un billete de 100 dólares? El opio representa el 64% del producto nacional bruto de China, lo que da una idea de la magnitud de este comercio "fuera de balance". Extraoficialmente, se calcula que equivale al producto nacional bruto (PNB) combinado de cinco de las naciones más pequeñas de Europa: Bélgica, Países Bajos, República Checa, Grecia y Rumanía.

El Triángulo de Oro es quizás el principal proveedor de opio en bruto fuera de Afganistán, aunque su posición es disputada por Pakistán, India, Líbano e Irán. ¿Cuál es el papel de los bancos en este lucrativo comercio? Esta es una historia muy larga y complicada, que tendrá que esperar a otro libro. Una forma es el método indirecto, por el que los bancos financian a las empresas de fachada que importan los productos químicos necesarios para convertir el opio en bruto en heroína.

El Hong Kong and Shanghai Bank, que tiene una gran sucursal en Londres, está en el centro del asunto. Una empresa llamada Tejapaibul hace negocios bancarios con el Hong Kong and Shanghai Bank, conocido cariñosamente como "Hongshang Bank". ¿A qué se dedica esta empresa? Importa enormes cantidades de anhídrido acético, el producto químico clave en el proceso de refinado. Esta empresa es el principal proveedor de anhídrido acético del Triángulo de Oro. La financiación de este comercio corre a cargo de una filial del Hong Shang Bank, el Bangkok Metropolitan Bank. Así, las actividades secundarias relacionadas con el comercio de opio en el Triángulo de Oro, aunque no son tan importantes como el propio comercio de opio, proporcionan sin embargo unos ingresos muy importantes a estos bancos.

Se me ha criticado por relacionar el precio del oro con los altibajos del comercio del opio. Veamos lo que ocurrió en 1977, un año crítico para el oro. El Banco de China sorprendió a los amantes del oro y a los astutos pronosticadores que se encuentran en gran número en Estados Unidos al liberar repentinamente y sin previo aviso 80 toneladas de oro en el mercado.

Los expertos no sabían que China llevaba mucho tiempo comprando y almacenando oro. Esto ha hecho bajar el precio del oro. Lo único que pudieron decir los expertos es que no sabían que la República Popular China tuviera tanto oro. ¿De dónde salió el oro? Procede del comercio del opio, donde se utilizaba como "moneda" en Hong Kong, pero nuestros genios de la previsión del precio del oro no podían saberlo.

Los británicos no son los únicos que operan en el Triángulo de Oro. Los grandes compradores (o sus representantes) viajan regularmente a Hong Kong desde todo Occidente para realizar compras. La heroína se envía a granel desde el puerto de Hong Kong, con el fin de llegar a Occidente y distribuirla en conciertos de autoproclamado "rock". La China Roja está encantada de cooperar con ambas partes en una empresa tan lucrativa. Por cierto, la política de China con respecto a Gran Bretaña, en relación con el tráfico de drogas, apenas ha cambiado con respecto a lo que era en el siglo $19^{\text{ème}}$. La economía de China, vinculada a la de Hong Kong, habría sufrido un enorme golpe si no se hubiera alcanzado un acuerdo.

Una de las pruebas de ello es el préstamo aceptado por China del Standard and Chartered Bank. Desde entonces, la familia Matheson ha invertido 300 millones de dólares en un nuevo proyecto inmobiliario desarrollado conjuntamente por la República Popular China y los bancos Matheson. Dondequiera que se mire en el centro moderno de Hong Kong, se ven nuevos edificios de gran altura, testimonio de los estrechos vínculos entre los grandes bancos, el comercio del opio y la China Roja.

Me gustaría citar lo que dijo el embajador de Venezuela en las Naciones Unidas hace algún tiempo, y creo que es una declaración muy bien pensada:

> "El problema de las drogas ya ha dejado de ser tratado como un mero problema de salud pública o un problema social. Es un problema grave y de gran alcance que afecta a nuestra soberanía nacional; un problema de seguridad nacional, ya que socava la independencia de la nación. "

Las drogas, en todas sus manifestaciones de producción, comercialización y consumo, desnacionalizan y desnaturalizan el mundo entero al herir nuestra vida ética, religiosa y política, nuestros valores históricos, económicos y republicanos. Así es exactamente como funcionan el FMI y el Banco de Pagos Internacionales (BPI). Digo sin dudar que estos bancos no son más que cámaras de compensación para el tráfico de drogas.

El BPI ayuda a cualquier país que el FMI quiera hundir estableciendo facilidades que permitan el fácil flujo de capitales fugitivos. El BPI tampoco distingue entre "capital de fuga" y dinero del narcotráfico blanqueado. Incluso si pudiera distinguir la diferencia, el BPI nunca lo dice, como deja claro su informe anual de 2005. Volviendo a la declaración del embajador venezolano, vemos que el BIS está desnacionalizando seriamente a muchos países al interferir en su vida social, religiosa, económica y política, a través de sus exigencias vía el FMI. Y si un país (incluido EE.UU.) se niega a doblar la rodilla, el BPI está diciendo, en efecto, "Bien, entonces os chantajearemos con dólares narcóticos que tenemos para vosotros en cantidades muy grandes". Es fácil entender ahora por qué el oro ha sido desmonetizado y sustituido por "dólares" de papel como moneda de reserva mundial. No es tan fácil chantajear a una nación que tiene reservas de oro como lo es chantajear a una nación que tiene "dólares" de papel sin valor.

En la minicumbre de la Conferencia Monetaria Internacional celebrada en Hong Kong, a la que asistió una fuente de información privilegiada, se trató esta misma cuestión, y por lo que me han dicho, el FMI está bastante seguro de poder hacer precisamente eso: chantajear a las naciones con "dólares dopados", que no quieren seguir sus condiciones.

Rainer E. Gut, de Credit Suisse, dijo que preveía una situación en la que el crédito nacional y las finanzas nacionales estarían pronto bajo una única organización. Aunque no lo especificó, está claro que Gut se refería al BPI como parte de un único gobierno mundial. No quiero que nadie tenga dudas al respecto.

De Colombia a Miami, de Palermo a Nueva York, del Triángulo de Oro a Hong Kong, la droga es un gran negocio. No es el oficio de un traficante de la esquina. Usted sabe tan bien como yo que se necesita mucho dinero y experiencia para organizar con éxito el mayor comercio del mundo.

Estos talentos no se encuentran en el metro ni en las esquinas de Nueva York, aunque los traficantes y vendedores ambulantes son una parte integral e importante del sistema, aunque sólo sean vendedores de poca monta, fácilmente reemplazables. Si unos pocos son arrestados, o asesinados, ¿qué importa? Hay muchos reemplazos. No, no se trata de una pequeña organización, sino de un vasto imperio, este sucio negocio de la droga. Y por necesidad, está dirigida de arriba abajo, por los más altos cargos de cada país que toca.

Si no fuera así, al igual que el terrorismo internacional, habría sido eliminado hace tiempo; el hecho de que no sólo siga operando, sino que vaya en aumento, debería indicar a cualquier hombre razonable que esta actividad tiene sus cimientos en los niveles más altos.

Los principales países implicados en este comercio, el mayor del mundo, son la URSS, Bulgaria, Turquía, Líbano, Estados Unidos y Francia, Sicilia, el suroeste de Asia, India, Pakistán, Afganistán y América Latina, pero no por orden de importancia. Desde el punto de vista del consumidor, los principales mercados son Estados Unidos, Europa y, más recientemente, el Reino Unido.

Como ya he dicho, no se venden drogas en la URSS, los países del Telón de Acero o Malasia. Muchos países productores, como Turquía, aplican penas muy severas a los consumidores de drogas y a los pequeños traficantes. Algunos países incluso aplican la pena de muerte, sólo para los peces pequeños, para mostrar al mundo lo "antidrogas" que son.

El imperio de la droga se divide en dos "productos": la heroína tradicional y la relativamente reciente llegada de la cocaína. Hay una tercera categoría de drogas fabricadas por empresas "legales", como la tristemente célebre Hoffman La Roche, que producen sustancias mortales como el LSD, los Quaaludes y las anfetaminas; los "estimulantes y depresores" de lo que la gente de la calle llama "el paraíso del popper". ¿Este imperio es un negocio suelto? La respuesta parece ser un "sí" matizado. Hay excepciones. Kintex, la famosa empresa farmacéutica búlgara, es sin duda una empresa estatal búlgara. La mayoría de los bancos que manejan dinero sucio (y saben que es dinero sucio) son conocidos bancos multinacionales que trabajan a través de una red de filiales.

Kintex, por ejemplo, tiene sus propios almacenes, flotas de camiones, incluidos los vehículos cubiertos por el Tratado Internacional del Mercado Común (T.C.M.), y una sofisticada red de mensajeros, incluidos pilotos y tripulaciones de aerolíneas.

Para los que no estén familiarizados con la CEPE, permítanme explicar que los vehículos TIR son camiones del Triángulo Internacional de la Carretera, claramente marcados como tales; se supone que sólo transportan productos perecederos. Se supone que deben ser inspeccionados en el país de salida por el personal de aduanas de ese país, y sellados con un sello especial.

En virtud de las obligaciones de los tratados internacionales de los países miembros, estos camiones no deben ser detenidos en las fronteras y siempre pasan sin inspección. Se trata de tomar la palabra a búlgaros y turcos y esperar que los camiones TIR no contengan heroína, cocaína u opio crudo, hachís o anfetaminas. El problema es que, en muchos casos, los camiones TIR contienen grandes alijos de droga.

Después de todo, es bien sabido que los narcotraficantes no respetan los tratados internacionales y que, en cualquier caso, siempre pueden pedir a sus títeres a sueldo en otros países que sustituyan los documentos que ocultan el hecho de que el camión TIR procedía de Sofía, Bulgaria.

La única manera de detener la entrada de estas enormes cantidades de heroína y hachís desde el Lejano Oriente es acabar con el sistema TIR. ¡Pero eso es exactamente para lo que fue creado! Olvídese de los productos perecederos y de la facilitación del comercio. Todo es humo y espejos para el mundo. TIR es sinónimo de drogas en demasiados casos. Recuérdelo la próxima vez que lea que se encontró una gran cantidad de heroína en una maleta con fondo falso en el aeropuerto Kennedy y que se detuvo a una desafortunada "mula". Para los medios de comunicación, esto es estrictamente "cerveza pequeña".

Otras regiones donde se cultiva la amapola son Turquía, Pakistán e Irán. Pero, como ocurre desde hace más de trescientos años, lo "mejor" viene de India-Pakistán y Tailandia. En estas remotas regiones de altas montañas y valles, las tribus de las colinas cultivan la planta y recogen la espesa savia de la vaina tras cortarla con una hoja de afeitar.

La mayoría de estos recursos están en manos de tribus tailandesas salvajes, y en la India son las tribus baluchas las que cultivan y recogen la cosecha de oro comercial. Lo llaman el "Triángulo de Oro" porque las tribus insisten en que se les pague en oro. Para facilitarles la tarea, Credit Suisse ha empezado a vender lingotes de oro puro de un kilo (conocidos en el comercio como cuatro novenos), ya que estos pequeños lingotes son fáciles de transportar y comercializar. La mayor parte de este oro pasa por Hong Kong, que negocia más oro que Nueva York y Zúrich juntas en el momento álgido de la "Dope Season", como la llaman los comerciantes de oro de Hong Kong. Se calcula que sólo esta región produce unas 175 toneladas de heroína pura en un buen año. La heroína se envía a la mafia siciliana y a la parte francesa del negocio, para ser refinada en los laboratorios que infestan la costa francesa desde Marsella hasta Montecarlo (incluida la familia Grimaldi, aunque no estoy sugiriendo que haya un laboratorio en su palacio).)

La ruta seguida es a través de Irán y Turquía, así como del Líbano. El comercio paquistaní pasa por la costa de Maccra. En Irán, el "movimiento" lo llevan a cabo los kurdos, como ha ocurrido durante siglos. Una de las principales zonas de tránsito es, por supuesto, Turquía, pero recientemente Beirut se ha convertido en algo extremadamente importante, de ahí la guerra que se libra allí, ya que cada barón local trata de labrarse un feudo, los bancos suizos y libaneses están allí para ayudar a gestionar el aspecto financiero de las cosas. En Turquía hay ahora refinerías muy grandes, lo que es un hecho bastante reciente. Del mismo modo, en Pakistán, nuevos laboratorios, que funcionan como "laboratorios de defensa militar", están refinando el opio en bruto, lo que facilita su transporte aguas abajo.

¿Podría ser esta la razón por la que EE.UU. apoya a Pakistán y no a la India? Porque algunos bancos tienen grandes inversiones en Pakistán, ¡y no es en polvo de curry o alfombras! Pero el refinado final, más elaborado, se sigue haciendo en laboratorios de Turquía y en la costa francesa.

Detente ahí y considera lo que he escrito. ¿Es posible que con todas las sofisticadas técnicas, métodos y equipos de que disponemos, las fuerzas del orden no puedan descubrir y destruir estas fábricas de heroína? Si esto es cierto, entonces nuestros servicios de inteligencia occidentales necesitan un tratamiento geriátrico, no, ¡deben estar muertos desde hace mucho tiempo y nos hemos olvidado de enterrarlos!

Hasta un niño podría decirle a nuestras agencias de drogas lo que tiene que hacer. Sería muy sencillo controlar todas las fábricas de anhídrido acético, el componente químico esencial necesario para refinar la heroína. Es tan simple que da risa, y me recuerda al "Inspector Clouseau" de la serie de dibujos animados y películas de la "Pantera Rosa". Creo que hasta el pobre Clouseau sería capaz de encontrar los laboratorios siguiendo la ruta y el destino del anhídrido acético. Los gobiernos deberían aprobar leyes que obliguen a los fabricantes a llevar un registro especial de a quién se vende el producto. Pero no aguante la respiración en este punto; recuerde que el tráfico de drogas es sinónimo de grandes negocios controlados por la oligarquía de Europa, Inglaterra y las viejas familias "nobles" de Estados Unidos. Ahora, no te enfades y me digas: "No, no es verdad".

Por supuesto, las familias nobles de Gran Bretaña y Estados Unidos no van a anunciar su mercancía en los escaparates, y en un negocio tan sucio se necesita gente sucia para dirigirlo, de ahí la mafia. Los nobles nunca se ensuciaron las manos durante el comercio del opio en China, y desde entonces se han vuelto mucho más inteligentes. Si por casualidad se detuviera a uno de ellos, nunca se oiría hablar de ello y sería rápidamente liberado.

¿El comercio de la droga está dirigido por una organización informal? De nuevo, un sí con reservas, pero recuerda que Estados Unidos e Inglaterra están dirigidos por 300 familias y todas ellas están interconectadas y entrelazadas a través de corporaciones, bancos y matrimonios, sin mencionar sus vínculos con la nobleza negra. Aunque se trata de una entidad suelta, no intentes penetrar en ella.

Si preguntas en el barrio equivocado, corres el riesgo de que te ocurran cosas muy extrañas, al menos si sigues intacto. En envíos iguales y espaciados, las "mercancías" bajan de Turquía y llegan a Bulgaria. Allí se reembolsan en camiones TIR y se envían a Trieste, en la costa adriática, o a la costa francesa. De nuevo, ¿por qué no controlar todos los camiones TIR en estas dos zonas y ponerlos bajo vigilancia las 24 horas del día? También hay rutas marítimas y aéreas, ambas bien protegidas por las "autoridades superiores".

Como he dicho, se coge una mula, a veces incluso se detiene un gran cargamento, pero no tanto la heroína (porque es más valiosa); es sobre todo la cocaína y la marihuana que se consumen como parte del coste de hacer negocios. Por extraño que parezca, los "consejos" suelen proceder de los propios traficantes cuando se trata de pequeñas cantidades.

En Sudamérica, la lucha es contra la cocaína. La "fabricación" de la cocaína es relativamente sencilla y barata, ya que el producto básico está disponible a bajo coste. Se pueden hacer grandes fortunas si se está dispuesto a correr el riesgo, no tanto de involucrar a las fuerzas del orden, sino de caer en las redes de los reyes de la cocaína.

Los intrusos no son bienvenidos y suelen acabar siendo víctimas de las "disputas familiares" que se producen constantemente. Los principales países productores de cocaína son Colombia, Bolivia y Perú, con algunos intentos de introducir el arbusto de coca en Brasil. En Colombia, la mafia del narcotráfico es una familia muy unida de gánsteres, bien conocida por las autoridades.

El problema es hacer algo al respecto. Los barones de la cocaína, que gozan de la protección de las más altas autoridades de Inglaterra y Estados Unidos, desprecian abiertamente los esfuerzos de los sinceros luchadores contra la droga, como el presidente Betancourt de Colombia.

Betancourt hizo todo lo que sus limitados recursos le permitieron, pero no fue suficiente. El azote de los traficantes y productores de cocaína sigue dominando la vida nacional colombiana. Parece que no hay forma de erradicarla. Betancourt ha librado una enorme batalla para sobrevivir. Por su parte, los narcotraficantes recibieron toda la ayuda posible del FMI y la cuestión ya no era si Betancourt sobreviviría, sino sólo cuánto tiempo podría aferrarse al poder. El otro principal proveedor de cocaína a EE.UU. es Bolivia, y durante un breve periodo de tiempo el presidente Siles Zuazo intentó frenar la marea de cocaína que entraba en América, pero sus esfuerzos fracasaron. De nuevo, el FMI y el Banco de Pagos Internacionales (BPI) se han opuesto a él en todo momento. Cada uno de sus planes económicos es declarado "inaceptable" por el FMI. Se fomenta el malestar laboral; las huelgas y "manifestaciones" obstaculizan su administración. Las cabezas coronadas de las víboras de Europa orquestan esta campaña anti-Silas. Silas no cuenta con el apoyo del ejército boliviano; demasiados oficiales de alto rango habían sido bien pagados por los barones de la cocaína antes de que Silas llegara al poder. Echaban de menos las "ventajas" que conllevaba el trabajo. No les gustó la austeridad impuesta por el FMI. Las cosas se torcieron el 14 de julio de 1985, cuando Silas fue destituido en las elecciones nacionales.

El antiguo dirigente del país de 1971 a 1978, Hugo Banzer Suárez, obtuvo una amplia victoria. Esto no era inesperado, ya que Suárez recibió un fuerte apoyo de los banqueros de Wall Street y de los amigos de Henry Kissinger, y por supuesto obtuvo un voto de confianza de la clase oficial boliviana.

Como antiguo dictador y amigo de los mafiosos bolivianos, se esperaba que Suárez ampliara el tráfico de cocaína. Como "recompensa" por la ayuda que recibió del FMI, se esperaba que Suárez aplicara las brutales condiciones impuestas a Bolivia por el FMI, y así vimos a muchos bolivianos morir de hambre y de inanición en los meses siguientes. Todo ello, por supuesto, en consonancia con el informe Global 2000. Al mismo tiempo, una verdadera avalancha de cocaína comenzó a entrar en Estados Unidos.

El FMI, actuando en nombre de la jerarquía del narcotráfico en Inglaterra y Estados Unidos, logró sumir a Bolivia en el caos. De hecho, el país era ingobernable durante el periodo en que se celebraron las elecciones. A esto se refería el embajador venezolano cuando dijo que "el tráfico de drogas socava la soberanía nacional, la política y la economía". No se me ocurre un ejemplo más claro de esto que Bolivia. Con la victoria de Banzer, el hada madrina del FMI anunció de repente que apoyaría a Bolivia en las negociaciones con los acreedores extranjeros. Las industrias clave de Bolivia son la minería y la agricultura. Ambos sectores se encontraban en una situación de quiebra, que fue deliberadamente creada por el FMI para expulsar a Siles y castigarlo por su postura contra el comercio de cocaína. El éxito del FMI es demasiado evidente. Perú, otro gran productor de cocaína, también fue atacado por el FMI por la postura anticocaína de su nuevo líder. El 2 de agosto de 1985, el gobierno anunció una ofensiva contra los traficantes de divisas ilegales, con más de doscientas detenciones, se redujeron los tipos de interés y se aumentaron los salarios mínimos en un cincuenta por ciento.

Esto era absolutamente contrario a los requisitos y condiciones del FMI, que exigía estrictas medidas de austeridad. El FMI no tardó en actuar.

El movimiento guerrillero, que había sido prácticamente aplastado, empezó de repente a tomar nuevos bríos y, bajo su líder Abinal Guzmán, se lanzó a una embestida que mató a cientos de campesinos. Los atentados sacudieron Lima.

La economía estaba paralizada. Asqueada por el caos, la nación pidió un líder fuerte. Lo encontró en Alberto Fujimori, ciudadano peruano de origen japonés. Fujimori era un hombre de gran honor e integridad, que parecía ser la mejor esperanza para librar a Perú de la lacra del narcotráfico. Elegido por una gran mayoría, Fujimori se enfrentó a la difícil tarea de luchar contra el FMI y el BIS en el frente económico, así como contra grupos de presión bien financiados y organizados.

Estados Unidos y Gran Bretaña apoyaron a Guzmán y a su ejército guerrillero.

Capítulo 2

El papel de Afganistán en el comercio internacional de opio/heroína

Afganistán vuelve a ser noticia por la sencilla razón de que es una de las principales fuentes de opio en bruto, como lo ha sido desde los tiempos de la Compañía Británica de las Indias Orientales (BEIC), los antepasados del Comité de los 300. También examinaré el papel de Pakistán en el cultivo de adormidera y explicaré por qué Estados Unidos hizo la vista gorda en al menos tres ocasiones en las que el gobierno elegido de Pakistán fue derrocado y sustituido por un régimen militar, mientras que Chile y Argentina fueron objeto de "medidas especiales" por el mismo "delito".

Afganistán es un antiguo país musulmán situado al norte de las montañas del Hindu Kush. Algunos de los instrumentos antiguos encontrados en el valle de Haibak han sido datados con carbono, lo que demuestra que tienen al menos mil años de antigüedad. Lo que atrajo a los occidentales al país fue que tenía el clima y el suelo ideales para el cultivo de amapolas, que producen opio. El país fue gobernado por la dinastía Barakzai desde 1747 hasta 1929 y fue conocido por sus prolongados conflictos entre los miembros de la dinastía y los líderes tribales.

Antes del siglo 18ème, el país estaba bajo dominio persa y, en parte, bajo dominio indio. La familia Barakzai gobernó el comercio del opio durante al menos 150 años y, como sabemos, cuando las fuerzas armadas estadounidenses derrocaron a los talibanes, pusieron a un miembro del clan, Hamid Barakzai, al frente de Afganistán y el país está actualmente bajo su control.

En 1706, Kandahar declaró su independencia y en 1709 Mir Vais, líder ghilzain y musulmán suní, derrotó a los ejércitos persas enviados contra él en Kandaha, manteniendo el comercio de opio en manos británicas.

En 1715, Mir Abdullah sucedió a Mir Vais, pero fue sorprendido tratando de hacer la paz con los persas y fue derrocado en 1717. Siguió un periodo de intensa rivalidad, seguido de una invasión afgana de Persia.

En 1763, Zaman Shah, hijo de Timur, llegó al poder, pero en lugar de la unidad, se caracterizó por las incesantes rivalidades tribales y las feroces batallas. Su padre, un gobernante tímido, no pudo evitar que la India se apoderara de algunos de sus territorios, incluido el Punjab, perdido a manos de los sijs en las batallas de 1793-1799.

En 1799, los emisarios de la BEIC comenzaron a llegar a Kandahar para reunirse con el gobernante, Shah Shuja. En 1809, antes de la muerte del sha Shuja, la BEIC concluyó un acuerdo con él para ayudarle a repeler a los "extranjeros", especialmente de Persia y la India. En 1818, Mahmud Shah tomó el control del país y se dedicó a reforzar las relaciones con el BEIC, que entonces se encargaba de la "expansión agrícola" en forma de vastos campos de adormidera. Presintiendo que les esperaba una rica recompensa, los persas invadieron el país en 1816, pero fueron expulsados por Path All Kahn, un soldado y confidente del BEIC.

En 1818, las tribus se rebelaron contra el cultivo de amapolas y los ingresos por la venta de opio crudo a la BEIC. Como resultado, Afganistán se dividió en enclaves tribales, Kabul, Kandahar y Ghazni, etc. Fue durante este periodo de división cuando India robó Cachemira a Afganistán, ya que quería un trozo del lucrativo pastel del opio. En 1819, tras una serie de guerras tribales, Dost Mohammed se apoderó de Kabul y se convirtió en el gobernante de Ghazni y Kandahar. Viendo la oportunidad de beneficiarse del comercio del opio, que florecía bajo el régimen del BEIC, Persia atacó Herat en 1837 y se desató un conflicto tribal que duró hasta julio de 1838. El comercio del opio, firmemente en manos británicas, fue la causa de este conflicto. Todavía en busca de soluciones, el gobierno británico llegó a un acuerdo con Ranjit Singh y el Shah Suju, que, bajo los auspicios del BEIC, restauraría el trono del Shah Shuja, unificando así las tribus y bloqueando efectivamente a Persia. Pero, sin que los británicos lo supieran, Dost Mohamed se enriqueció dedicándose al comercio de opio, haciendo tratos fuera del BEIC.

En 1839, las tropas británicas estacionadas en la India entraron en Afganistán en la Primera Guerra Afgana. Destituyeron a Dost Mohammed y lo desterraron a la India. Sus propiedades fueron confiscadas por el BEIC y las tropas británicas tomaron el control de las principales ciudades, pero pronto descubrieron que se enfrentaban a una fuerza escurridiza de tribus de ambas alianzas.

A lo largo de este periodo, nada iba a impedir el cultivo de la adormidera y se enviaban grandes cantidades de opio en bruto fuera de Afganistán, normalmente a través de lo que sería Pakistán. Durante este periodo, como la empresa supo controlar a las tribus locales y asegurar la protección de sus lucrativas inversiones, obtuvo enormes beneficios. En la Cámara de los Comunes de Londres se preguntó por qué las tropas británicas estaban desplegadas en un país desolado como Afganistán cuando no había ninguna razón importante para su presencia. Poco sabían los pobres diputados de la enorme fortuna que el BEIC ganaba cada año. Mientras los británicos anunciaban su lucha contra los "señores de la guerra" chinos (en realidad, agentes aduaneros del gobierno chino), mantenían en secreto sus guerras en Afganistán.

Cuando las tribus de Dost Mohammed iniciaron la guerra contra los británicos, los periódicos británicos la hicieron pasar por una "escaramuza tribal", si es que la mencionaron. Una fuerza británica que se dirigía a Kandahar fue atacada por las fuerzas de Dost Mohammed, que fueron rechazadas, su líder hecho prisionero y exiliado a la India.

En 1842, Sir Alexander Burns devolvió al Shah Shuja al trono. Londres pensó que esta acción apaciguaría a las tribus, pero en su lugar provocó un gran malestar, que culminó con el asesinato de Sir Alexander y de un enviado británico llamado Sir William McNaughton. Esta fue la señal para una revuelta general contra el dominio británico, y Lord Auckland envió una fuerza británica de 16.000 soldados ingleses y sepoy para ocupar Kabul. Pero la revuelta fue tan fuerte que las fuerzas británicas tuvieron que retirarse de Kabul a Kandahar. Pero en el camino de vuelta, las fuerzas británicas fueron emboscadas por 3.000 miembros de la tribu que les infligieron muchas bajas. El Shah Shuja, al que los miembros de la tribu consideraban una marioneta de los británicos, también fue asesinado.

Los afganos tomaron entonces el control de los campos de adormidera y varios señores de la guerra empezaron a imponer el control de las rutas del opio fuera del país. Peor aún, empezaron a exigir tributos a las caravanas BEIC que atravesaban la India.

Las caravanas de animales de carga cargados de opio crudo fueron atacadas cuando no se pagó el tributo, y el opio fue robado, y muchos fueron asesinados por los señores de la guerra. Fue durante estos episodios cuando Rudyard Kipling escribió sus relatos de valentía sobre las fuerzas británicas que custodiaban la ruta del Paso de Khyber. El ciudadano británico de a pie se entusiasmó con estas historias de valentía. No tenían ni idea de que los soldados británicos estaban siendo sacrificados en nombre de una empresa privada multimillonaria, que no tenía nada que ver con "Dios, la Reina y la Patria".

Durante este periodo, los señores de la guerra estaban vagamente afiliados bajo el liderazgo de Akbar Kahn, hijo de Dost Mohammed.

En 1842, una fuerza del ejército británico al mando de Sir George Pollock llegó desde la India y recapturó Kabul. Cientos de miembros de la tribu sospechosos de haber participado en el ataque que tanto costó al ejército británico son ejecutados sumariamente. Dorst Mohammed es colocado de nuevo en el trono por Sir George. Inmediatamente se puso a derrotar a las facciones tribales del opio y castigó a los que se habían apoderado de los campos de adormidera del BEIC.

Debido a su "noble" labor, el 30 de marzo de 1855, el gobierno británico firmó el Tratado de Peshawar con Mahoma, permitiéndole controlar Kandahar y Kabul, pero no los importantes campos de adormidera de Helmet en Herat, que los persas habían arrebatado a la BEIC. A pesar de ello, el comercio de opio en bruto producido por la BEIC en Afganistán empezó a rivalizar con el del valle del Ganges y Benarés.

Gran Bretaña declaró entonces la guerra a Persia. Al inocente público británico se le dijo que la guerra se debía a que Persia intentaba apoderarse del territorio colonial británico. En 1857, los persas fueron derrotados y optaron por la paz mediante un tratado firmado en París, en el que reconocían la "independencia" de Afganistán y renunciaban a todas las reclamaciones sobre el territorio. El títere británico Dost Mohammed fue enviado para tomar el control de Herat, pero las rivalidades tribales mantuvieron la zona en estado de agitación durante los cinco años siguientes, y Dost sólo consiguió ponerla bajo jurisdicción británica en 1863. Si los británicos aprendieron algo sobre Afganistán, fue esto: Nunca pretendas controlar una zona hasta que todas las facciones estén de acuerdo entre sí, lo que puede llevar una eternidad. Herat es un buen ejemplo. Hizo falta un asedio de diez meses para aflojar el control de una de las tribus de la zona. Justo cuando pensaban que habían "pacificado" todo, Dost murió en 1870, y casi inmediatamente Herat se vio sumida en una guerra civil cuando el hermano de Dost, un tal Sher Ali, intentó hacer valer sus derechos a la sucesión. Incapaz de poner de acuerdo a las tribus, Alí pidió ayuda a Rusia, habiendo perdido toda la confianza en los británicos, y en junio de 1878 llegó a Kabul una misión rusa dirigida por el general Stolietov. El BEIC dio inmediatamente la alarma y una vez más las partes entraron en guerra, ya que Sher All se negó a aceptar la contraoferta de la misión británica. La guerra duró un año (1878-1879) durante el cual Sher Ali fue asesinado. Profundamente alarmados por la posibilidad de que los rusos pusieran fin a su lucrativo comercio de opio con Afganistán, las fuerzas británicas invadieron toda la región bajo el liderazgo de su títere Yakub, hijo de Sher Ali. Las fuerzas británicas se dispersaron entonces y pusieron guarnición en todo el país. Fue entonces cuando se firmó un tratado según el cual los británicos pagarían una "cuota de protección" de 75.000 dólares al año para garantizar el paso seguro de las caravanas de opio a través del paso de Khyber, donde se estacionaron tropas británicas para ayudar a hacer cumplir el acuerdo.

Por supuesto, los relatos de Rudyard Kipling no decían nada acerca de por qué los convoyes eran custodiados por las tropas de Su Majestad, y sin duda todo el infierno se habría desatado si se hubiera revelado la verdadera misión de las tropas.

Reviviendo lo que pensaban que era un éxito total de su misión en Kabul, las fuerzas británicas empezaron a relajar su vigilancia al no haber más incursiones en los campos de amapola ni ataques a los convoyes que pasaban por el paso de Khyber. Pero un duro despertar para Londres acechaba en el fondo. El 3 de septiembre de 1879, Sir Louis Cavagnari (descendiente de la antigua nobleza negra de Venecia) fue asesinado junto con su escolta, y el país se vio sumido en otra guerra. Yakub, acusado de conspirar con las tribus rebeldes a espaldas de los británicos, fue depuesto el 19 de octubre de 1879.

En 1880, cuando los británicos se preparaban para entrar en guerra con las repúblicas bóer de Sudáfrica para privar a ese país de sus vastos recursos auríferos, entró en escena un nuevo gobernante afgano, un tal Abd-Ar-Rahman, sobrino de Ali Sher Ali. Los británicos se mostraron satisfechos con este nuevo hombre, que consiguió mantener la paz e imponer su autoridad a las facciones tribales, siempre en conflicto.

Durante este periodo de relativa estabilidad, una gran cantidad de opio en bruto de alta calidad salió del país y fue a parar a los almacenes del BEIC. Se cree que durante este periodo (1880-1891) entraron en las arcas del BEIC miles de millones de libras, suficientes para pagar diez veces el coste de la guerra anglo-boeriana, que estalló en 1899. También hubo mucha injerencia de Rusia, que trató de afianzarse en Afganistán y proporcionar un amortiguador para sus fronteras. Rusia no estaba interesada en el comercio del opio; su única preocupación era obtener un colchón territorial. Finalmente, tras cinco años de graves problemas con Gran Bretaña, los dos países llegaron a un acuerdo en el que Rusia aceptó mantenerse al margen de los asuntos afganos.

A lo largo de su turbulenta historia, Afganistán ha seguido produciendo algunas de las mejores calidades de opio en bruto, muy buscadas por los consumidores occidentales, y la principal ruta por la que se transportaba este cargamento era a través de Pakistán. La historia del opio en Afganistán está, por tanto, estrechamente ligada a la historia del comercio de opio en Pakistán y a sus rutas de tránsito hacia la costa y hacia Oriente Medio y Europa Occidental.

En el apogeo de su poder, el BEIC recibía 4.000 toneladas de opio de Afganistán cada año. El valor estimado de esta enorme producción en un solo año (1801) fue de 500 millones de dólares, una fortuna colosal para la época. La mayor parte del opio pasaba por el paso de Khyber a la India (la parte que ahora se conoce como Pakistán), y luego bajaba a la desolada costa de Maccra, donde era recogido por dhows árabes y llevado a Dubai, donde se pagaba en oro. No se acepta papel moneda para esta operación. Como resultado de este comercio, hay no menos de 25 bancos en Dubai que comercian con oro, de los cuales el Banco Británico de Oriente Medio es el más importante en el comercio de oro para el opio. Los musulmanes de Afganistán, a diferencia de la clase trabajadora china, no consumen opio y, por tanto, no se han hecho adictos a él. Se contentaban con cultivar adormidera, extraer la savia del opio, procesarla para convertirla en opio crudo y luego venderla. De este modo, Afganistán se libró de los estragos del terrible azote de la adicción al opio que acabó por afectar a China. Entonces, como ahora, el cultivo de amapolas y la recolección de la preciada savia es la ocupación dominante de la población masculina de Afganistán.

Los secretos se guardan cuidadosamente, y mientras prevalezca el statu quo, así será hasta el fin de los tiempos. He visto campos de amapolas que crecen desde las plántulas hasta las plantas en flor, y luego, cuando la savia sube a las vainas, cómo se cortan con cuchillas de las que fluye y se congela la resina parecida a la goma. También vi que no había ningún intento de frenar o reducir el cultivo de adormidera. Me he esforzado en dar detalles del tipo de régimen impuesto en Afganistán por las potencias extranjeras, con la esperanza de que los lectores comprendan que muy poco ha cambiado desde entonces. Estados Unidos cree que la invasión y los bombardeos han conseguido someter al país, pero está tristemente equivocado. Afganistán es un país de señores de la guerra y facciones rivales que tratan de conseguir una parte del opio, un cuadro de lealtades confusas e intensas rivalidades. Esto es algo que Estados Unidos y sus aliados nunca podrán vencer.

Los talibanes -creados, armados y dirigidos por la Agencia Central de Inteligencia (CIA) como fuerza de oposición para evitar que Rusia se apodere del país- ¡son ahora el enemigo! Cuando los talibanes llegaron al poder, fueron objeto de burla, escarnio y desprecio, pero no tardaron en imponerse y, tras derrotar a los rusos, se volvieron contra sus benefactores estadounidenses, ordenando el cese del cultivo de adormidera y de la exportación de opio en bruto. Se quemaron kilómetros y kilómetros de campos de adormidera, junto con las reservas de opio. De repente, los señores de la droga de la City londinense y de Wall Street vieron una enorme pérdida de ingresos, y la situación tuvo que revertirse radicalmente.

No puedo decir con certeza cómo ocurrió el atentado del World Trade Center, pero lo que sí sé es que el pueblo estadounidense nunca habría aceptado una invasión de Afganistán por parte de las fuerzas estadounidenses si no hubiera sido por el desastre del 11 de septiembre de 2001, por lo que es más que probable que la historia revele que la tragedia del 11 de septiembre fue una "situación inventada". Para consternación de los bancos de Dubai y de los comerciantes de opio de Estados Unidos y Gran Bretaña, los talibanes eliminaron a los señores de la guerra dirigidos por el clan Barakzai que vendían opio a Occidente, la mayoría de los cuales huyeron a Pakistán o a las regiones montañosas del país. El comercio de opio se detuvo. Los talibanes aprobaron un decreto por el que se fusilaría a todo aquel que cultivara amapolas o comerciara con opio. Los señores del opio se dispersaron con sus lacayos criminales.

Esto hizo saltar las alarmas en Westminster y Nueva York. En Dubai, los 90 bancos que servían al comercio del opio vieron la ruina en sus caras. Había que hacer algo, y se hizo. Estados Unidos entró en guerra con Afganistán, al igual que los británicos, los rusos y los persas antes que ellos. El propósito de la guerra, se nos dice, era "erradicar a los talibanes y a sus terroristas de Al Qaeda".

Un enorme escuadrón de bombarderos voló las 24 horas del día y los pocos edificios que quedaron en pie en Kandahar tras la guerra con Rusia quedaron reducidos a impresionantes montones de escombros. Los halcones de la guerra Rumsfeld, Wolfowitz, Cheney y Perle se regodean. En casa, los periódicos de Nueva York pregonaban que Estados Unidos había "ganado" la guerra en Afganistán. Poco sabía el pueblo estadounidense que la guerra no había hecho más que empezar. Las tropas estadounidenses tendrían que permanecer en Afganistán durante décadas, manteniendo separadas a las facciones del opio y asegurando el flujo fluido del mismo a través de las antiguas rutas comerciales. Los jefes militares pakistaníes se beneficiarán enormemente de la cocaína que sale de Afganistán, como siempre lo han hecho. Por eso se ha elegido a Pervez Musharraf como nuestro principal "aliado en la guerra contra el terrorismo".

Con la desaparición de los talibanes y la reanudación del control por parte del clan Barakzai, el comercio de opio está floreciendo en Afganistán tras la caída de los talibanes, y no está claro si el nuevo gobierno intentará detenerlo o al menos reducirlo. Nos aventuramos a sugerir que, bajo el régimen impuesto por Estados Unidos, el comercio de opio no sólo volverá a su antigua producción, sino que en realidad aumentará la cantidad de opio en bruto producido. En su informe anual sobre el comercio internacional de drogas, el Departamento de Estado afirmó que los talibanes, expulsados del poder por el ejército estadounidense en 2005, habían eliminado prácticamente el cultivo de adormidera en las zonas que controlaban.

La producción mundial de opio se redujo drásticamente, pasando de unas 3.656 toneladas en 2000 a unas 74 toneladas en 2001, y casi toda la producción tuvo lugar en las zonas de Afganistán en manos de la Alianza del Norte, aliada de Washington en la guerra contra los talibanes. Esta es una prueba de primera mano: nuestra "guerra contra las drogas" es tan falsa como un billete falso de la Reserva Federal. Mientras los talibanes destruían los cultivos y las reservas de opio, la CIA aseguraba a nuestros "aliados" -los "señores de la guerra", un surtido de gánsteres asesinos sin escrúpulos- que no se preocuparan, que pronto volverían al poder. La Agencia Antidroga (DEA) no trató de entrar y aplastar a esta banda de alimañas cuando tuvo una notable oportunidad de hacerlo. En cambio, Estados Unidos protegió a los matones del narcotráfico. Afganistán ha sido tradicionalmente uno de los principales productores de opiáceos del mundo, junto con India, que recuperó su posición como primer productor en 2008 debido a la prohibición de los talibanes.

El opio es la materia prima de los opiáceos heroína y morfina, y Afganistán ha sido el principal proveedor de estas drogas a la región, así como a Europa Occidental y Estados Unidos. Según un reciente informe de Estados Unidos, el cultivo generalizado de adormidera se reanudó en Afganistán tras la caída de los talibanes y los narcotraficantes siguen activos en el país, a pesar de la presencia masiva de las fuerzas estadounidenses sobre el terreno. Aunque la autoridad interina de Kabul, el títere de Cheney, Rumsfeld y Wolfowitz respaldado por Estados Unidos, Hamid Karzai (Barakzai), anunció su propia prohibición del cultivo de opio, la prohibición no era mucho más grande que la capital y no valía ni el papel en que estaba escrita. Si Karzai hubiera intentado hacer cumplir su decreto, lo habrían encontrado una mañana degollado de oreja a oreja. Sus traficantes nunca habrían permitido que siguiera vivo para interferir en su lucrativo negocio.

El informe señala:

> "La Autoridad carece de capacidad para hacer cumplir su prohibición, y debe trabajar con los centros de poder locales y la comunidad de donantes para garantizar que la prohibición se aplique realmente. No está claro que las exhortaciones e incluso el apoyo financiero de la comunidad internacional sean suficientes para eliminar rápidamente el cultivo de adormidera

en Afganistán... Tras las hostilidades, la facción que realmente controla una zona varía. No está claro que las facciones vayan a respetar la prohibición del cultivo de adormidera impuesta por la Autoridad Provisional. "

Qué tontería más grande.

¿Y por qué no hacerla cumplir con un gran número de agentes de la DEA respaldados por el ejército estadounidense? Sabemos que nuestros controladores creen que el pueblo estadounidense es el más crédulo del mundo, pero tratar de imponer semejante disparate a la población y pensar que se lo van a creer no tiene explicación. La Alianza del Norte, que domina el gobierno de Karzai, no parece haber tomado ninguna medida contra las drogas en las partes del país que controla. La ONU también ha informado en repetidas ocasiones de que los agricultores están recogiendo una segunda cosecha de opio en las zonas controladas por la Alianza del Norte, continúa el informe.

¿Se puede creer la audacia de esa gente que pretende que nos creamos una tontería tan descarada? ¿"No aparece"? El hecho es que, aunque los talibanes hacían todo lo posible por erradicar la plaga, Washington no sólo sabía que sus "aliados" cultivaban amapolas, sino que les aseguraba que nadie interferiría en su comercio, siempre y cuando fueran nuestros "aliados" en la guerra contra los talibanes. Washington procedió entonces a armarlos y entrenarlos para que fueran a la guerra contra todo Afganistán, mientras dejaba intacto su mortífero comercio. Estos son los hechos reales de la guerra en Afganistán.

EE.UU. pone algunas esperanzas en los esfuerzos regionales para mantener los opiáceos afganos fuera del país a través del grupo Seis más Dos, que incluye a EE.UU., Rusia y los seis vecinos inmediatos de Afganistán. Esto es otra farsa. No se está haciendo nada y nunca se hará nada para detener el comercio de opio afgano. Si hubiera algún esfuerzo serio en este sentido, el líder de Pakistán, el general Pervez Musharraf, sería expulsado. La mitad de la clase dirigente de Pakistán depende totalmente de los peajes del lucrativo comercio de opio que pasa por Pakistán en su camino hacia Europa y Estados Unidos. Mientras tanto, el tráfico de drogas en la provincia de Helmand continuará, a pesar de todos los esfuerzos de la autoridad interina y de la comunidad internacional, añade el informe del Departamento de Estado.

No hay absolutamente ninguna prueba de que los dirigentes talibanes de Afganistán estuvieran nunca involucrados en el comercio de opio, ni de que la droga fuera una fuente importante de financiación para la red de Al Qaeda de Osama Bin Laden. Hemos buscado en todos los registros conocidos y no hemos encontrado tal evidencia. Rechazamos las alegaciones del Departamento de Estado como propaganda, pura y dura. Pero los funcionarios han dicho que la red de Al Qaeda, con sede en Afganistán, se beneficia indirectamente de la participación de los talibanes en el tráfico, y temen que esté estrechando lazos con los traficantes al verse presionada por Estados Unidos tras los atentados del 11 de septiembre. ¿Dónde están las pruebas? Las alegaciones no son pruebas, y hasta ahora no se ha presentado ninguna. Esto es propaganda para poner en duda las creencias religiosas de los talibanes.

"Cuando una organización terrorista necesita fuentes de dinero y está geográficamente cerca de organizaciones de narcotraficantes que producen dinero, es obvio que existe la posibilidad de que haya un vínculo más fuerte entre ambas,

dijo Asa Hutchinson, ex jefe de la DEA, ante el Subcomité de Justicia Penal, Política de Drogas y Recursos Humanos de la Cámara de Representantes. Pues bien, ahora se dice que el nombramiento de Hutchinson fue político y que sabe poco o nada sobre el tráfico de drogas, ya que pasó por la Cámara de Representantes antes de perder su escaño por su papel en el proceso de destitución de Clinton.

Funcionarios estadounidenses han dicho que el tráfico de opio ha sido una importante fuente de financiación para los talibanes, la milicia islámica de línea dura que gobierna gran parte del país. Hutchinson y William Bach, un funcionario del Departamento de Estado dedicado a la lucha contra los estupefacientes, dijeron que los guardias talibanes a veces aceptaban opio crudo en lugar de dinero en efectivo.

Esta patética afirmación sale directamente de la boca de los rufianes de la "Alianza del Norte", que no pueden decir la verdad porque si lo hicieran, perderían su estatus favorable con Washington. Aquí hay otra "perla":

> "En previsión de las represalias militares estadounidenses por los ataques terroristas, los talibanes parecen estar vendiendo sus existencias. El precio del opio en la región bajó repentinamente de 746 dólares por kilo a 95 dólares inmediatamente después de los atentados. Desde entonces, ha repuntado hasta los 429 dólares. "

Uno pensaría que, habiéndonos dicho que los talibanes necesitaban armas, ¡difícilmente habrían "renunciado" a su medio más directo de obtenerlas! En cualquier caso, no hay pruebas de que los talibanes hayan comerciado con opio. Aquellos que pudieran haber sido tentados habrían sido sometidos a un juicio sumario y ejecutados según su código religioso. A finales de la década de 1790, Afganistán se convirtió en el mayor productor mundial de opio, la materia prima de la heroína. En su apogeo, proporcionó más del 70% de los ingresos del BEIC, distinción que el país conservó durante las dos guerras mundiales y hasta finales de los años noventa.

Cuando llegaron al poder, los talibanes ordenaron el cese del cultivo de opio, alegando principios religiosos. Los observadores internacionales han confirmado que la producción ha sido prácticamente eliminada en las zonas controladas por los talibanes, y que el poco opio que queda se cultiva en las tierras de la llamada "Alianza del Norte" de la oposición, una banda de sinvergüenzas, narcotraficantes y asesinos bajo la protección del ex secretario de Defensa Donald Rumsfeld.

¿No explica eso muchas cosas que necesitan explicación? Y no es la primera vez que Estados Unidos se involucra directamente en el tráfico de drogas. Lo hemos visto en Vietnam, Líbano, México, Pakistán y ahora en Afganistán. Pero los funcionarios estadounidenses afirman que la prohibición ha tenido poco efecto sobre el tráfico porque los talibanes no eliminaron las enormes reservas de opio de años anteriores ni detuvieron a los traficantes.

¿Cuál es la verdad? El Departamento de Estado y el nuevo jefe de la DEA nos dicen que los talibanes se han "deshecho" de sus enormes reservas de opio, ¡y al mismo tiempo se supone que debemos creer que los talibanes no han hecho tal cosa! Créanos cuando decimos que no habría sido necesario "liquidar" las existencias. Los señores de la droga pakistaníes -incluidos los militares- habrían comprado cada kilo de opio crudo a los talibanes a precio completo.

Esta historia es un montón de basura. Lo que ocurrió fue que los principales actores del comercio estaban todos en una zona "protegida" por la Alianza del Norte y los talibanes no podían entrar porque Donald Rumsfeld los había armado con tanques, artillería y todos los pertrechos de un ejército moderno, cortesía de los contribuyentes. El presidente del subcomité, Mark Souder, republicano de Indiana, calificó la prohibición de los talibanes de "gran error".

> "estratagema fríamente calculada para controlar el precio del mercado mundial de su opio y heroína".

Parece que es un caso de "ciegos guiando a los ciegos". Souder suena peor que Hutchinson. ¿Por qué no decir la verdad y dejar que el pueblo estadounidense decida? ¿Por qué mentir y ofuscar? "Los funcionarios estadounidenses han calculado que el opio podría proporcionar a los talibanes hasta 50 millones de dólares al año", dicen Hutchinson y Bach. Al-Qaeda se beneficia indirectamente porque ha sido protegida por los talibanes.

Sin embargo, Bach afirmó que el tráfico de drogas "no parece ser el principal recurso de Al Qaeda", mientras que Souder señaló que los funcionarios estadounidenses han prestado poca atención al comercio de opio afgano porque apenas entra en Estados Unidos:

> "Ahora nos enfrentamos a una nueva realidad: el tráfico de drogas afgano, que apenas ha cruzado nuestras fronteras, ha hecho tanto daño a nuestro país como las drogas de medio mundo que han llegado a las calles estadounidenses. "

Si el estadounidense medio puede entender estas declaraciones contradictorias, nos sorprenderá mucho. Pero tanto si podemos entenderlos como si no, esto es, y lo repetimos, puro doble lenguaje. Le pedimos una vez más que considere lo siguiente:

➢ Nos dicen que los talibanes han "vendido" la mayor parte de sus existencias de opio.

➢ Nos dicen que los talibanes necesitaban los ingresos del opio.

➢ Nos dicen que los talibanes recibían 50 millones de dólares al año de los ingresos del opio.

➢ Se nos dice que los talibanes han "tirado" sus enormes reservas. ¿Se han "tirado" 50 millones de dólares? ¿Por qué querría alguien "tirar" 50 millones de dólares?

➢ Nos dicen que hasta ahora la DEA ha mostrado poco interés en el principal proveedor de opio crudo del mundo. ¿Tiene esto sentido? Si la DEA no ha prestado atención al opio que sale de Afganistán, entonces es culpable de abandono del deber.

➢ Se nos dice que la razón por la que la DEA no cumple con su deber es que ¡entra muy poco opio en los Estados Unidos!

¿Puedes creer a esta gente? Deben pensar que el pueblo estadounidense es el más estúpido del mundo. Tras los atentados del 11 de septiembre en Nueva York y Washington, Afganistán fue el centro de la atención mundial. La "alianza contra el terrorismo" dirigida por Estados Unidos bombardeó Afganistán y elementos de Al Qaeda huyeron del país. El cultivo ilícito de opio en Afganistán se convirtió en parte de la guerra de propaganda. El comercio de heroína ha sido citado en repetidas ocasiones como una de las principales fuentes de las redes de Osama bin Laden. Pero de alguna manera se nos ha hecho creer que Bin Laden ha escapado y sigue suelto en Afganistán, dirigiendo todavía el terrorismo contra Occidente. En nuestra opinión, esto debe verse con gran escepticismo.

"Las armas que hoy compran los talibanes se pagan con las vidas de jóvenes británicos que compran sus drogas en las calles británicas. Esta es otra parte de su régimen que debemos tratar de destruir,

dijo el ex primer ministro británico Tony Blair.

Su declaración es un ejemplo de la tergiversación de la situación real de la economía del opio en Afganistán. En realidad, es el aliado del Sr. Blair en Afganistán, la "Alianza del Norte", quien se beneficia cada vez más de la economía criminal del opio. No hay pruebas de que los talibanes estén traficando con opio.

Cuando el ex primer ministro Blair mantuvo al ejército británico en Afganistán, tuvo mucho tiempo para erradicar los campos de adormidera, realizar misiones de investigación y destruir las reservas de opio en bruto. ¿Por qué el Sr. Blair no ordenó a sus tropas que tomaran estas medidas? Esta era una excelente oportunidad para llevar a cabo un barrido coordinado del país e inhabilitar a los cultivadores de adormidera, detener a los traficantes y destruir sus existencias. Los medios y el dinero estaban ahí para llevar a cabo tal operación, pero no, aparentemente el Sr. Blair consideró que sus palabras eran más poderosas que sus acciones. Esto se llama "propaganda". Blair debe saber lo que Souder y Hutchinson han dicho. Al parecer, no les molestan las muertes de jóvenes heroinómanos británicos, ¡porque no es asunto de Estados Unidos! Cree estas cosas a riesgo de perder tu nivel de inteligencia.

Cuando los talibanes tomaron el poder en Kabul en 1996, simplemente heredaron una situación que había convertido a Afganistán, desde finales del siglo 18ème - 19ème , en el mayor productor de opio del mundo. Entre 1994 y 1998, la producción de opio alcanzó entre 2.000 y 3.000 toneladas métricas de materia prima al año. La mayor parte de esta producción se canalizó a través de la India (y más tarde de Pakistán), inicialmente bajo la supervisión de los mejores soldados del ejército británico, inmortalizados en los relatos de valentía de Rudyard Kipling. Más tarde, fueron los generales del ejército pakistaní quienes vigilaron los lucrativos ingresos de este comercio. Una vez que el opio se cambiaba por oro en Dubai, el opio en bruto se refinaba en heroína y morfina en Turquía y Francia. Sólo una pequeña parte del opio se procesaba en Afganistán. Todos los récords anteriores se batieron en 1999 y 2000, cuando la producción de opio en Afganistán alcanzó las 4.500 toneladas.

El gobierno de Bush nos quiere hacer creer que el 27 de julio de 2000 "...después de muchos años de presión internacional, el líder talibán Mullah Omar emitió una prohibición total de la plantación de opio para la próxima temporada". Este no es el caso. Los talibanes prohibieron el cultivo de adormidera y la producción de opio en bruto en cuanto tomaron el poder. La presión global no tiene nada que ver.

Si la "presión mundial" es la razón por la que los talibanes prohibieron el comercio, ¿por qué no tuvo ningún efecto antes de que los talibanes llegaran al poder? El cultivo disminuyó en el territorio controlado por los talibanes, mientras que floreció en las zonas controladas por la "Alianza del Norte". El rápido avance de las fuerzas estadounidenses debido a la campaña de bombardeos masivos de Estados Unidos en su guerra contra la red de Bin Laden y la toma de Kabul por parte de los mafiosos de la "Alianza del Norte" no acabaron con la economía del opio. Sucedió justo lo contrario; la economía del opio resurgió, aunque Estados Unidos y sus aliados británicos controlaban ahora todas las principales zonas de cultivo de adormidera. Afganistán se convirtió en el centro de atención del Programa de las Naciones Unidas para la Fiscalización Internacional de Drogas (PNUFID) cuando se hizo evidente que el país se había convertido en la mayor fuente de opio del mundo, veinte años antes de la llegada de los talibanes. Los proyectos del PNUFID para frenar el flujo de opio ilícito en Afganistán no han tenido ningún impacto medible. En la llamada "guerra contra el opio" en Afganistán, las principales zonas de cultivo estaban bajo el control de la llamada "Alianza del Norte", nombre acuñado por Rumsfeld para ocultar su verdadera composición de bandidos y matones.

Desde 1994, la encuesta anual sobre la adormidera del programa de seguimiento de cultivos del PNUFID es la fuente más fiable de cifras sobre el cultivo de adormidera y el potencial de producción de opio. El más reciente, publicado en octubre de 2008, confirmaba con detalle el drástico descenso del cultivo de adormidera, es decir, después de la toma del poder por los talibanes. Antes de eso, la "presión global" no tuvo ningún impacto sobre los señores del opio que más tarde se alistarían en la llamada "Alianza del Norte" de Rumsfeld.

Para entender las complejidades de la economía del opio en Afganistán, la serie de estudios políticos del PNUFID es bastante útil, aunque no ofrezca detalles de los controladores entre bastidores. Documenta la expansión de los campos de adormidera en Afganistán y las razones que la motivan; el papel del opio como fuente de crédito y en las estrategias de subsistencia de los pequeños agricultores y los refugiados de guerra; el papel de las mujeres en la economía del opio; y la dinámica rural que hay detrás del comercio ilícito, que ha hecho ganar miles de millones de libras al BEIC y sigue haciendo una fortuna considerable a quienes distribuyen el opio, como los generales del ejército pakistaní. El último número de Tendencias Mundiales de las Drogas Ilícitas (2008) del Programa del Consejo de las Naciones Unidas para la Droga (PNUFID), bajo la supervisión de Sandeep Chawla, jefe de la Sección de Investigación del PNUFID, incluye una sección especial sobre Afganistán, con una visión general, útil pero limitada, de las tendencias de la economía del opio desde los primeros tiempos, que explica cómo este país se ha convertido en el mayor proveedor de opio del mundo.

En mi libro, *Historia del Comité de los 300,*[2] , hice un recuento detallado de cómo este gigantesco grupo fue capaz de hacer tanto dinero a partir de la miseria del comercio del opio impuesto al pueblo chino por el gobierno de Gran Bretaña. El libro ofrece un relato detallado de la historia del infame comercio de opio y el contrabando de heroína en la región, incluidas las transacciones sancionadas por la CIA y la agencia de inteligencia paquistaní

---

[2] *La jerarquía de los conspiradores - Historia del Comité de los 300,* Omnia Veritas Ltd, www.omnia-veritas.com.

ISI durante la yihad contra la ocupación soviética en la década de 1980. Existen numerosos informes del "establishment" sobre la economía afgana criminalizada, dedicados en gran parte a explicar las dos décadas de tendencias del contrabando antes y después de 1989, que intentan dar la impresión de que el comercio del contrabando de opio es algo relativamente nuevo.

La mayoría de ellos mencionan el periodo 1987-1989 como la "fecha de inicio" del comercio de opio y las actividades ilegales relacionadas, mientras que los documentos encontrados en el Museo Británico y en la Casa de la India muestran que el comercio ilícito de heroína y morfina comenzó con la llegada de los británicos a Afganistán. La India (más tarde Pakistán) estaba profundamente implicada en este comercio criminal que comenzó bajo el dominio británico en 1868 y continúa hasta hoy. El siguiente texto se cita como ejemplo de la naturaleza diluida de los informes de los establecimientos:

> Afganistán no sólo se ha convertido en el mayor productor de opio del mundo y en un centro de tráfico de armas, sino que sostiene un comercio multimillonario de productos de contrabando desde Dubai hasta Pakistán. Esta economía criminalizada financia tanto a los talibanes como a sus opositores. Ha transformado las relaciones y ha debilitado los estados y las economías legales de toda la región. Una paz duradera requerirá no sólo el fin de los combates y un acuerdo político, sino también una transformación de la economía regional a través de medios de vida alternativos y la capacitación.

A primera vista, todo el informe está atenuado y no identifica a nadie. Pero sus objetivos parecen posibles, aunque en realidad, el opio ha gobernado Afganistán y Pakistán (la parte que solía ser India) desde 1625 y nada cambiará eso. Y este es el final de la historia: Estados Unidos y sus llamados "socios de la Alianza del Norte" no harán nada para detener este lucrativo comercio del que dependen para sus beneficios y su propia existencia no menos de 23 bancos británicos con sede en Dubai, cuyos beneficios se canalizan hacia los bancos de la City de Londres. Qué ingenuo es creer que estos superbancos van a permitir que nadie interfiera en su máquina de hacer dinero.

Los documentos de la Compañía Británica de las Indias Orientales conservados en la India House de Londres (antes de que fueran misteriosamente destruidos) proporcionaban una información única sobre el comercio de opio en Afganistán y detallaban las rutas de tráfico desde el Norte, desde Afganistán a través de Pakistán hasta Dubai. Este comercio nunca fue considerado un "comercio criminal" en la época de la BEIC. La única "actividad delictiva" registrada en estos documentos fue la de los bandidos que intentaron secuestrar las caravanas de mulas de opio a través del paso de Khyber, donde fueron repelidos por lo mejor del ejército británico. Las cifras de Estados Unidos sobre Afganistán han sido inexactas y muy politizadas durante los últimos veinte años. Curiosamente, en estas recientes declaraciones, la DEA utiliza por primera vez casi exclusivamente las cifras del PNUFID, que consideraba muy sobrevaloradas, al menos hasta hace unos años.

Uno se pregunta por qué. Es políticamente conveniente citar las estadísticas como parte de la estratagema estadounidense para desacreditar a los talibanes y fusionar la "guerra contra el terror" con la "guerra contra las drogas". En realidad, no existe ninguna de las dos cosas, pero hay que mantener la farsa para dar una excusa a "leyes" draconianas y totalmente inconstitucionales que violan flagrantemente la Carta de Derechos. Por eso no podemos encontrar a Bin Laden. Si lo hiciéramos, de repente no habría talibanes y no habría razón para continuar la "guerra contra el terror". En Afganistán, con la desaparición de los talibanes, la época de la cosecha no es un acontecimiento para los cultivadores de opio de Afganistán y Pakistán, una región que ahora rivaliza con el sudeste asiático como la mayor fuente mundial de heroína, la droga derivada de la adormidera.

La administración de G.W. Bush ha decidido no destruir la cosecha de opio en Afganistán. Curiosamente, el presidente Bush, que anteriormente había vinculado el tráfico de drogas en Afganistán directamente con el terrorismo, ha decidido de repente no destruir el cultivo de opio en Afganistán. Un funcionario de los servicios de inteligencia de EE.UU. que regresó de Afganistán informó de ello a una revista de noticias europea. La fuente, que pidió no ser identificada, señaló que los campos de adormidera están en plena floración y listos para la cosecha. Las fuerzas estadounidenses podrían destruir los cultivos mediante técnicas de fumigación aérea, pero no está prevista ninguna acción de este tipo. No hay lanzallamas apuntando a los brotes de amapola que están madurando, ni señales de tropas arrancando las plantas y quemándolas. De hecho, en los campos de adormidera todo es pacífico, porque los agricultores saben que nadie les molestará. Tampoco se preocupan por el "terrorismo" en países lejanos, pero algunos oficiales de inteligencia están profundamente preocupados por la prohibición estadounidense de destruir los campos de adormidera.

El informe de la ONU de enero de 2002 sobre el tráfico de drogas afirmaba:

> Si las 3.000 toneladas de opio que se estiman llegan al mercado, se producirá un nuevo aumento del terrorismo internacional y una gran pérdida de credibilidad internacional de la administración Bush y de la capacidad de Estados Unidos para hacer la guerra en el siglo $21^{\text{ème}}$. Los enemigos de Estados Unidos en todo el mundo, desde China hasta Corea del Norte e Irán, se verán envalentonados por esta falta de visión estratégica y de voluntad política. Estados Unidos y todos sus aliados han firmado una prohibición mundial de la venta de opio. En enero de 2002, las Naciones Unidas publicaron un informe sobre la producción de opio en Afganistán, en el que se subrayaba que las fuerzas aliadas debían actuar rápidamente para destruir la cosecha de adormidera de 2002 a finales de la primavera. Las fuerzas estadounidenses y británicas no han tomado tales medidas.

La importancia mundial de la prohibición del cultivo y el tráfico de adormidera en Afganistán es enorme. Afganistán ha sido la principal fuente de opio ilícito: el 70% de la producción mundial de opio ilícito en el año 2000 y hasta el 90% de la heroína en los mercados europeos de la droga tenían su origen en Afganistán. Hay indicios fiables de que el cultivo de adormidera se ha reanudado desde octubre de 2001 en algunas zonas (como las provincias meridionales de Uruzgan, Helmand, Nangarhar y Kandahar), tras la aplicación efectiva de la prohibición del cultivo impuesta por los talibanes en 2001, no sólo por la ruptura del orden público, sino también porque los agricultores están desesperados por sobrevivir a la prolongada sequía.

Según fuentes de inteligencia, la CIA se opone a la destrucción de los cultivos de adormidera afganos, ya que esto llevaría al derrocamiento del gobierno pakistaní. Según estas fuentes, las agencias de inteligencia paquistaníes han amenazado con derrocar al presidente Musharraf si ordena la destrucción de la cosecha. La historia de Pakistán sugiere que no se trata de una amenaza vana. El ex presidente pakistaní A.H. Bhutto fue ahorcado judicialmente por intentar frenar el comercio y su sucesor, el general Zia ul Haq, murió en un misterioso accidente de avión tras sustraer dinero, dinero que estaba destinado a los bancos de la City de Londres. La amenaza de derrocar a Musharraf está motivada, en parte, por los grupos radicales islámicos vinculados a la Inteligencia Interservicios de Pakistán (ISI). Se dice que los grupos radicales obtienen su principal financiación de la producción y el comercio de opio. Los mandos militares pakistaníes están muy implicados en el control del flujo de opio en su país -como siempre lo han estado- y no tolerarían ninguna interrupción de este comercio. Los servicios de inteligencia paquistaníes son totalmente corruptos y poco fiables, por no mencionar que son inestables y desleales. Se pliegan al mejor postor y se burlan de los principios religiosos. La CIA ha estado aliada con ellos durante muchos años y es poco probable que cambie de rumbo. Como concluyó amargamente Bhutto:

> Si [la CIA] se opone de hecho a la destrucción del comercio de opio en Afganistán, sólo servirá para perpetuar la creencia de que la CIA es una agencia poco ética, que sigue su propia agenda en lugar de la de nuestro gobierno constitucionalmente elegido. Si no aprovechamos esta oportunidad para destruir la producción de opio en Afganistán, seremos peores que los talibanes, que la han dejado a pesar de las afirmaciones en contra.

La decisión de la CIA de no detener la producción de opio en

Afganistán fue aprobada por el Comité de los 300, su máximo jefe. Según fuentes de inteligencia, los gobiernos británico y francés dieron discretamente su aprobación a la política estadounidense. La CIA tiene un historial de apoyo al comercio internacional de drogas y actuó de forma muy similar durante la catastrófica guerra de Vietnam: el fuerte aumento del comercio de heroína en Estados Unidos a partir de los años 70 es directamente atribuible a la CIA. La famosa entrevista de Chou En Lai con el periódico egipcio *Al Ahram* apoya la afirmación de que la CIA ha sido cómplice del tráfico mundial de drogas durante años. Esto es lo que quiere el Comité de los 300: un simple subsidio de 2.000 dólares al año, que no supere los 20 millones de dólares en total, pagado directamente a los agricultores afganos, acabaría con toda la producción de opio, según fuentes de inteligencia. La guerra de Estados Unidos en Afganistán ha costado ya unos 40.000 millones de dólares, y no se ha gastado ni un solo céntimo en erradicar los campos de adormidera e interceptar el flujo de opio en bruto hacia Pakistán (cifras del Departamento de Estado de Estados Unidos de 2009).

Ahora que sabemos que los millones de dólares derrochados en campañas publicitarias estadounidenses que vinculaban la venta de drogas ilegales con el terrorismo eran mentiras, y ahora que sabemos que la administración Bush protegió la producción de opio en Afganistán, empezamos a hacernos una idea de lo equivocada que fue la guerra de Afganistán, y de por qué Estados Unidos eligió a Pakistán como "nuestro principal aliado en la lucha contra el terrorismo". Acabar con la producción de opio en Afganistán no costaría ni una décima parte de los millones de dólares que se gastan en televisión para publicitar nuestra "guerra contra el terror - guerra contra las drogas", pero la extraña falta de acción en Afganistán contra el tráfico de drogas por parte del "halcón de la guerra" Rumsfeld y la administración Bush en general, demuestra lo hipócrita y defectuosa que es la llamada "guerra contra el terror". Cada vez que veas a un tertuliano como Bill O'Reilly anunciando un nuevo éxito en la incautación de dinero de los terroristas, recuerda que es una gota de agua comparada con los miles de millones de dólares que fluyen hacia las bóvedas de los bancos de Dubai del Comité de los 300, y ten en cuenta que no supondrá la más mínima diferencia en el flujo de dinero del opio ilegal afgano hacia los bancos de la City de Londres y los bancos offshore, por no hablar del flujo de heroína hacia Estados Unidos. La guerra en Afganistán no está ganada. Nuestras tropas nunca volverán a casa. El comercio de opio debe ser vigilado.

La Oficina de las Naciones Unidas contra la Droga y el Delito (ONUDD) ha hecho público su estudio de evaluación rápida del cultivo de adormidera en Afganistán. El gobierno federal de Washington DC también ha publicado su informe anual sobre los impulsores del cultivo de opio. En respuesta, el Secretario de Asuntos Exteriores del Reino Unido, Kim Howells, dijo:

> El gobierno británico quiere reducir la cantidad de heroína que llega a nuestras calles desde Afganistán. La escala del tráfico de drogas en Afganistán es enorme y la estrategia para erradicarlo llevará tiempo: no hay una solución rápida. El cultivo de opio en Afganistán fluctuará en cantidad, como lo ha hecho en el pasado reciente.

Una encuesta de la ONU de 2008 proporcionó una indicación muy temprana de los posibles niveles de cosecha de este año. En comparación con los buenos resultados del año pasado, que mostraron un descenso de la producción, este informe indica niveles de cultivo estables en la mayoría de las 31 provincias de Afganistán, un aumento del cultivo en 13 provincias y un descenso del cultivo en tres provincias. Pero como deja claro el informe de los conductores independientes elaborado para el FCO, es engañoso centrarse sólo en las cifras clave, ya que el panorama general es más complejo. Hay una gran variedad de cultivos y factores que influyen en los agricultores de todo el país.

La encuesta nunca evaluó los avances en la ejecución de la campaña de erradicación, sino que se limitó a indicar que la erradicación estará mejor organizada en 2009 y, por tanto, debería tener más éxito que en 2008. El actual aumento del cultivo de adormidera no significa que no se esté avanzando en la lucha contra el comercio. La erradicación es sólo una parte de la estrategia global afgana e internacional de lucha contra el cultivo de adormidera: se están realizando importantes incautaciones, se está formando a la policía afgana, se están creando medios de vida alternativos y se están creando instituciones de lucha contra los estupefacientes. Desde la invasión estadounidense de Afganistán en octubre de 2001, el comercio de opio de la Media Luna Dorada se ha disparado. Según los medios de comunicación estadounidenses, este lucrativo contrabando está protegido por los talibanes, sin olvidar, por supuesto, a los señores de la guerra regionales, desafiando a la "comunidad internacional". Se dice que el comercio de heroína "llena las arcas de los talibanes". En palabras del Departamento de Estado de Estados Unidos:

> El opio es una fuente de literalmente miles de millones de dólares para los grupos extremistas y criminales... Reducir el suministro de opio es esencial para establecer una democracia segura y estable, así como para ganar la guerra global contra el terrorismo.
>
> Declaración del Subsecretario de Estado Robert Charles, Audiencia en el Congreso, 1er de abril de 2004.

Según la Oficina de las Naciones Unidas contra la Droga y el Delito (ONUDD), la producción de opio en Afganistán en 2008 se estima en 6.000 toneladas, con una superficie cultivada de unas 80.000 hectáreas. El Departamento de Estado sugiere que hasta 120.000 hectáreas estaban cultivadas en 2008. Podríamos estar en camino de un aumento significativo. Algunos observadores apuntan a un aumento del 50-100% en la cosecha de 2008 respecto a las ya preocupantes cifras del año pasado. En respuesta al aumento de la producción de opio tras la caída de los talibanes, la administración Bush ha intensificado sus actividades antiterroristas, al tiempo que ha asignado grandes sumas de dinero público a la iniciativa de la Administración para el Control de Drogas en Asia Occidental, denominada "Operación Contención". Los diversos informes y declaraciones oficiales se mezclan, por supuesto, con la habitual autocrítica "equilibrada" de que "la comunidad internacional no está haciendo lo suficiente" y que lo que necesitamos es "transparencia". Discurso en nombre del Director Ejecutivo de la ONUDD ante la Asamblea General de la ONU, octubre de 2001:

> Los titulares decían: "Las drogas, los señores de la guerra y la inseguridad enturbian el camino de Afganistán hacia la democracia".

El coro de medios de comunicación estadounidenses culpa al ya desaparecido "régimen islámico de línea dura", sin reconocer siquiera que los talibanes -en colaboración con la ONU- habían impuesto con éxito la prohibición del cultivo de la adormidera en 2000. La producción de opio se redujo en más de un 90% en 2001.

De hecho, el aumento de la producción de opio coincidió con la embestida de la operación militar dirigida por Estados Unidos y la caída del régimen talibán. De octubre a diciembre de 2001, los agricultores comenzaron a replantar la adormidera de forma extensiva. El éxito del programa de erradicación de drogas de Afganistán en el año 2000, bajo el régimen talibán, fue reconocido en la sesión de octubre de 2001 de la Asamblea General de la ONU (celebrada pocos días después de que comenzaran los bombardeos de 2001). Ningún otro país miembro de la ONUDD ha podido aplicar un programa comparable:

> En primer lugar, en cuanto a la lucha contra las drogas, tenía previsto centrar mis observaciones en las implicaciones de la prohibición de los talibanes del cultivo de adormidera en las zonas bajo su control...

Ya tenemos los resultados de nuestra encuesta anual sobre el cultivo de adormidera en Afganistán. La producción de este año (2001) es de unas 185 toneladas. Esta cifra es inferior a las 3.300 toneladas del año pasado (2000), lo que supone un descenso de más del 94%. En comparación con la cosecha récord de 4.700 toneladas de hace dos años, el descenso supera ampliamente el 97%. Cualquier reducción de los cultivos ilícitos es bienvenida, especialmente en casos como éste en los que no se ha producido ningún desplazamiento, local o en otros países, que debilite el resultado.

Tras la invasión estadounidense, la retórica ha cambiado. La ONUDD actúa ahora como si la prohibición del opio del año 2000 nunca hubiera existido:

> ... La batalla contra el cultivo de drogas se ha librado y ganado en otros países y puede librarse y ganarse aquí (en Afganistán), con una gobernanza fuerte y democrática, ayuda internacional y una mayor seguridad e integridad.
>
> Declaración del representante de la ONUDD en Afganistán en la Conferencia Internacional de Lucha contra los Estupefacientes de febrero de 2004.

De hecho, Washington y la ONUDD afirman ahora que el objetivo de los talibanes en el año 2000 no era realmente la "erradicación de la droga", sino un artero plan para desencadenar una "escasez artificial de oferta" que hiciera subir los precios mundiales de la heroína. Irónicamente, esta lógica retorcida, que ahora forma parte de un nuevo "consenso de la ONU", es refutada por un informe de la oficina de la ONUDD en Pakistán, que confirmó en su momento que no había pruebas de almacenamiento por parte de los talibanes.

> Desert News, Salt Lake City, Utah, 5 de octubre de 2003.

> Tras el bombardeo estadounidense de Afganistán en 2001, el gobierno británico de Tony Blair recibió el encargo del G8, el grupo de las principales naciones industriales, de llevar a cabo un programa de erradicación de drogas que, en teoría, permitiría a los agricultores afganos cambiar el cultivo de amapolas por otros. Los británicos trabajaban desde Kabul, en estrecha relación con las autoridades afganas.

La Operación Contención de la DEA de los Estados Unidos. El programa de erradicación de cultivos patrocinado por el Reino Unido es una evidente cortina de humo. Desde octubre de 2001, el cultivo de adormidera se ha disparado. Uno de los objetivos "ocultos" de la guerra era precisamente devolver el tráfico de drogas patrocinado por la CIA a niveles históricos y ejercer un control directo sobre las rutas de la droga. Inmediatamente después de la invasión de octubre de 2001, se restablecieron los mercados de opio. Los precios del opio se dispararon. A principios de 2009, el precio del opio (en dólares/kg) era casi 15 veces superior al del año 2000. En 2001, bajo el régimen talibán, la producción de opiáceos ascendió a 185 toneladas, y aumentó a 3.400 toneladas en 2002 bajo el régimen títere del presidente Hamid Karzai, patrocinado por Estados Unidos. Al tiempo que destacaban la lucha patriótica de Karzai contra los talibanes, los medios de comunicación no mencionaron que Karzai había colaborado de hecho con los talibanes. También estuvo al servicio de una importante empresa petrolera estadounidense, UNOCAL. De hecho, desde mediados de los años noventa, Hamid Karzai ha actuado como consultor y lobbista de UNOCAL en las negociaciones con los talibanes. Según el periódico saudí *Al-Watan* :

> Karzai ha sido un operador clandestino de la Agencia Central de Inteligencia desde la década de 1980. Canalizó la ayuda de Estados Unidos a los talibanes a partir de 1994, cuando los estadounidenses apoyaron en secreto y por mediación de los pakistaníes (concretamente del ISI) la toma del poder por los talibanes.

Merece la pena recordar la historia del tráfico de drogas de la Media Luna Dorada, íntimamente ligada a las operaciones encubiertas de la CIA en la región desde la embestida de la guerra soviético-afgana y sus secuelas. Antes de la guerra soviético-afgana (1979-1989), la producción de opio en Afganistán y Pakistán se destinaba a pequeños mercados regionales. No había producción local de heroína. La economía afgana del narcotráfico fue un proyecto de la CIA cuidadosamente diseñado y apoyado por la política exterior de Estados Unidos. Como revelaron los escándalos Irán-Contra y el Banco de Comercio y Crédito Internacional (BCCI), las operaciones encubiertas de la CIA en nombre de los muyahidines afganos se financiaron mediante el blanqueo de dinero procedente de la droga. El "dinero sucio" se recicló a través de una serie de instituciones bancarias (en Oriente Medio), así como a través de empresas anónimas de fachada de la CIA, en "dinero secreto", que se utilizó para financiar a diversos grupos insurgentes durante la guerra soviético-afgana y sus secuelas. Como Estados Unidos quería suministrar a los rebeldes muyahidines de Afganistán misiles antiaéreos Stinger y otros equipos militares, necesitaba la plena cooperación de Pakistán. A mediados de la década de 1980, la operación de la CIA en Islamabad era una de las mayores estaciones de inteligencia estadounidenses del mundo.

"Si el BCCI es tan embarazoso para EE.UU. que no se llevan a cabo investigaciones sinceras, tiene mucho que ver con el hecho de que EE.UU. ha hecho la vista gorda con el tráfico de heroína en Pakistán", dijo un oficial de inteligencia estadounidense.

El estudio del investigador Alfred McCoy confirma que, en los dos años siguientes a la operación encubierta de la CIA en Afganistán en 1979, las zonas fronterizas entre Pakistán y Afganistán se convirtieron en el mayor productor de heroína del mundo, suministrando el 60% de la demanda estadounidense. En Pakistán, el número de heroinómanos pasó de casi cero en 1979 a 1,2 millones en 1985, un aumento mucho mayor que en cualquier otra nación; los activos de la CIA volvieron a controlar el comercio de heroína. Cuando los guerrilleros muyahidines se apoderaron del territorio en Afganistán, ordenaron a los campesinos que plantaran opio como impuesto revolucionario. Al otro lado de la frontera, en Pakistán, los líderes afganos y los sindicatos locales, bajo la protección de los servicios de inteligencia paquistaníes, gestionaban cientos de laboratorios de heroína. Durante esta década de tráfico de drogas a gran escala, la agencia antidroga de Estados Unidos en Islamabad no logró realizar ni una sola incautación o detención importante.

Los funcionarios estadounidenses se habían negado a investigar las acusaciones de tráfico de heroína por parte de sus aliados afganos porque la política antidroga de Estados Unidos en Afganistán estaba subordinada a las prioridades de la guerra contra la influencia soviética en ese país. En 1995, el ex director de la CIA a cargo de la operación en Afganistán, Charles Cogan, admitió que la CIA había sacrificado efectivamente la guerra contra las drogas para luchar contra la Guerra Fría:

> Nuestra misión principal era hacer el mayor daño posible a los soviéticos. Realmente no teníamos los recursos ni el tiempo para

hacer una investigación sobre drogas.

No creo que tengamos que disculparnos por ello. Cada situación tiene sus consecuencias. Hubo una caída en términos de drogas, sí. Pero el objetivo principal se ha conseguido. Los soviéticos han abandonado Afganistán.

El papel de la CIA, que está ampliamente documentado, no se menciona en las publicaciones oficiales de la ONUDD, que se centran en los factores sociales y políticos internos. No hace falta decir que las raíces históricas del comercio del opio se han distorsionado enormemente. Según la ONUDD, la producción de opio en Afganistán se ha multiplicado por más de 15 desde 1979. Tras la guerra soviético-afgana, el crecimiento de la economía del narcotráfico continuó sin cesar. Los talibanes, apoyados por EE.UU., contribuyeron en un principio al continuo crecimiento de la producción de opiáceos hasta la prohibición del opio en el año 2000. Este reciclaje del dinero de la droga se utilizó para financiar las insurgencias de la posguerra fría en Asia Central y los Balcanes, incluida Al Qaeda. Para más detalles, véase Michel Chossudovsky, *War and Globalization, The Truth behind September 11*, Global Outlook, 2002.

La droga: detrás del mercado del petróleo y del comercio de armas

Los ingresos generados por el tráfico de drogas afgano patrocinado por la CIA son considerables. El comercio de opiáceos afganos es una parte importante del volumen de negocio anual de los estupefacientes en el mundo, que las Naciones Unidas han calculado entre 400.000 y 500.000 millones de dólares. Cuando se publicaron por primera vez estas cifras de la ONU (1994), el comercio mundial de drogas (estimado) era del mismo orden de magnitud que el comercio mundial de petróleo.

El FMI ha calculado que el blanqueo de dinero a nivel mundial oscila entre 590.000 millones de dólares y 1,5 billones de dólares al año, lo que representa entre el 2% y el 5% del PIB mundial (*Asian Banker*, 15 de agosto de 2003). Según las cifras de 2003, el narcotráfico es "la tercera mercancía del mundo en términos de dinero, después del petróleo y el comercio de armas". *The Independent*, 29 de febrero de 2004.

Además, las cifras anteriores, incluidas las relativas al blanqueo de capitales, confirman que el grueso de los ingresos asociados al comercio mundial de drogas no es captado por grupos terroristas y señores de la guerra, como sugiere el informe de la ONUDD. Hay poderosos intereses comerciales y financieros detrás de las drogas. Desde esta perspectiva, el control geopolítico y militar de las rutas de la droga es tan estratégico como el petróleo y los oleoductos. Sin embargo, lo que distingue a los estupefacientes del comercio legal de productos básicos es que los estupefacientes son una importante fuente de formación de riqueza no sólo para el crimen organizado, sino también para la comunidad de inteligencia estadounidense, que es cada vez más poderosa en las esferas financiera y bancaria. A su vez, la CIA, que protege el tráfico de drogas, ha desarrollado complejos vínculos comerciales y encubiertos con los principales sindicatos criminales implicados en el tráfico de drogas. En otras palabras, las agencias de inteligencia y los poderosos sindicatos empresariales aliados del crimen organizado compiten por el control estratégico de las rutas de la heroína. Miles de millones de dólares de ingresos por narcotráfico están depositados en el sistema bancario occidental.

La mayoría de los grandes bancos internacionales, así como sus filiales en paraísos bancarios, blanquean grandes cantidades de dinero procedente del narcotráfico. Este negocio sólo puede prosperar si los principales actores del narcotráfico tienen "amigos políticos en las altas esferas".

Los negocios legales e ilegales están cada vez más entrelazados; la línea que separa a los "hombres de negocios" de los delincuentes es difusa. A su vez, las relaciones entre delincuentes, políticos y miembros de los servicios de inteligencia han contaminado las estructuras del Estado y el papel de sus instituciones. Este comercio se caracteriza por una compleja red de intermediarios. Hay varias etapas del comercio de la droga, varios mercados interconectados, desde el empobrecido agricultor de adormidera en Afganistán hasta los mercados mayoristas y minoristas de heroína en los países occidentales. En otras palabras, existe una "jerarquía de control de precios" para los opiáceos.

Esta jerarquía es reconocida por la administración estadounidense:

> La heroína afgana se vende en el mercado internacional de estupefacientes a un precio 100 veces superior al que obtienen los campesinos por su opio en la puerta de la finca.

> Departamento de Estado de EE.UU. citado por *Voice of America*.

Según la ONUDD, el opio en Afganistán generó en 2003 ... unos ingresos de 1.000 millones de dólares para los agricultores y 1.300 millones para los traficantes, más de la mitad de su renta nacional. Según estas estimaciones de la ONUDD, el precio medio del opio fresco era de 350 dólares por kilo. (2002); la producción en 2002 fue de 3.400 toneladas. Sin embargo, las estimaciones de la ONUDD, basadas en los precios locales de las explotaciones agrícolas y en los precios al por mayor, son sólo un porcentaje muy pequeño del multimillonario comercio total de drogas afgano. La ONUDD estima en 30.000 millones de dólares el "volumen de negocio anual total del comercio internacional" de opiáceos afganos. Sin embargo, un examen de los precios al por mayor y al por menor de la heroína en los países occidentales sugiere que los ingresos totales generados, incluidos los del nivel minorista, son mucho más elevados. Se calcula que un kilo de opio produce unos 100 gramos de heroína (pura).

La DEA de EE.UU. confirma que la heroína SWA (South West Asia, es decir, Afganistán) se vendía en Nueva York a finales de los años noventa a un precio de entre 85.000 y 190.000 dólares por kilo al por mayor con un nivel de pureza del 75%. Desde que se publicaron estas cifras, las fuentes indican que los precios de la heroína han aumentado un 450%.

Según la Administración para el Control de Drogas de Estados Unidos (DEA), "el precio de la heroína del Sudeste Asiático

(SEA) oscila entre 70.000 y 100.000 dólares por unidad (700 gramos) y la pureza de la heroína SEA oscila entre el 85 y el 90%". La unidad ASE de 700 gramos (85-90% de pureza) se traduce en un precio al por mayor por kg. de heroína pura de entre 115.000 y 163.000 dólares. Las cifras citadas por la DEA, aunque reflejan la situación de los años 90, coinciden en líneas generales con las cifras del Reino Unido de 2002. Según un informe de *The Guardian* (11 de agosto de 2002), el precio de venta al por mayor de la heroína (pura) en Londres (Reino Unido) rondaba las 50.000 libras, es decir, unos 80.000 dólares (2002). Aunque existe una competencia entre las distintas fuentes de suministro de heroína, hay que tener en cuenta que la heroína afgana representa un porcentaje bastante pequeño del mercado de heroína estadounidense, que se abastece en gran medida de Colombia.

El Departamento de Policía de Nueva York (NYPD) señala que los precios al por menor de la heroína están bajando y que la pureza es relativamente alta. La heroína, que solía venderse a unos 90 dólares por gramo, ahora se vende a 65 o 70 dólares por gramo o menos. La información anecdótica de la policía de Nueva York indica que la pureza de una bolsa de heroína suele oscilar entre el 50% y el 80%, pero puede llegar a ser del 30%. La información de junio de 2008 indica que los fardos (10 bolsas) adquiridos por los compradores dominicanos a los vendedores dominicanos en cantidades mayores (unos 150 fardos) se vendían por tan solo 40 dólares cada uno, o 55 dólares cada uno en Central Park. La DEA informa de que una onza de heroína suele venderse entre 2.500 y 5.000 dólares, un gramo entre 70 y 95 dólares, un paquete entre 80 y 90 dólares y una bolsa entre 10 dólares.

El DMP informa de que la pureza media de la heroína en la calle en 1999 era de aproximadamente el 62%. Las cifras de la policía de Nueva York y de la DEA sobre los precios de venta al público parecen ser coherentes. El precio de la DEA de 70 a 95 dólares, con una pureza del 62%, se traduce en 112 a 153 dólares por gramo de heroína pura. Las cifras de la policía de Nueva York son más o menos similares, con estimaciones quizá más bajas en cuanto a la pureza. Hay que tener en cuenta que cuando la heroína se compra en cantidades muy pequeñas, el precio de venta al público suele ser mucho más elevado. En EE.UU., suele comprarse por "bolsas" (la bolsa típica contiene 25 miligramos de heroína pura). Una bolsa de 10 dólares en Nueva York (según la cifra de la DEA citada anteriormente) se traduciría en un precio de 400 dólares por gramo, conteniendo cada bolsa 0,025 gramos de heroína pura. En otras palabras, para las compras muy pequeñas comercializadas por los distribuidores de la calle, el margen al por menor tiende a ser mucho mayor. En el caso de la compra de una bolsa de 10 dólares, es de 3 a 4 veces el precio de venta al público correspondiente por gramo (112 - 153 dólares). En Gran Bretaña, el precio de venta al público del gramo de heroína, según fuentes policiales británicas, "...ha bajado de 74 libras en 1997 a 61 libras (en 2004)". (es decir, de unos 133 a 110 dólares, según el tipo de cambio de 2004) *Independent*, 3 de marzo de 2004.

En algunas ciudades, llegó a costar entre 30 y 40 libras esterlinas el gramo con un bajo nivel de pureza. El precio medio de un gramo de heroína en Gran Bretaña oscila entre las 40 y las 90 libras (entre 72 y 162 dólares por gramo). (El informe no menciona la pureza.) El precio de la heroína en la calle era de 80 libras por gramo en abril de 2007, según el Servicio Nacional de Inteligencia Criminal. Se trata de precios que van desde el precio en la explotación del país productor hasta el precio final de venta en la calle. Este último suele ser de 80 a 100 veces el precio pagado al agricultor. En otras palabras, el producto opiáceo pasa por varios mercados, desde el país productor a los países de transbordo y luego a los países consumidores. En este último caso, existen grandes márgenes entre el "precio de desembarco" en el punto de entrada, exigido por los cárteles de la droga, y los precios al por mayor y al por menor en la calle, protegidos por el crimen organizado occidental. En Afganistán, la producción declarada de 3.600 toneladas de opio en 2003 produciría unos 360.000 kg de heroína pura. La ONUDD calcula que los ingresos brutos de los agricultores afganos ascienden a unos 1.000 millones de dólares, de los cuales 1.300 millones van a parar a los traficantes locales. Si se vende en los mercados occidentales a un precio de heroína al por mayor de unos 100.000 dólares por kg (con un nivel de pureza del 70%), los ingresos mundiales al por mayor (correspondientes a 3.600 toneladas de opio afgano) serían de unos 51.400 millones de dólares.

Esta última cifra es una estimación conservadora basada en las diversas cifras de precios al por mayor presentadas en la sección anterior. Los ingresos totales del tráfico de drogas afgano (en términos de valor añadido total) se estiman utilizando el precio final de venta al por menor de la heroína. En otras palabras, el valor del comercio al por menor es, en última instancia, el criterio para medir la importancia del comercio de drogas en términos de generación de ingresos y formación de riqueza. Sin embargo, es casi imposible establecer una estimación significativa del valor de venta al por menor porque los precios de venta al por menor varían considerablemente dentro de las zonas urbanas, entre las ciudades y entre los países consumidores, por no mencionar las variaciones en la pureza y la calidad. Los datos sobre los márgenes de venta al por menor, es decir, la diferencia entre los precios al por mayor y al por menor en los países consumidores, sugieren, sin embargo, que una gran parte de los ingresos totales (monetarios) del tráfico de drogas se genera en el nivel minorista. En otras palabras, una parte importante de los ingresos del tráfico de drogas va a parar a los sindicatos criminales y empresariales de los países occidentales que participan en los mercados locales de drogas al por mayor y al por menor. Y las diversas bandas criminales implicadas en el comercio minorista están invariablemente protegidas por sindicatos criminales "corporativos".

El 90% de la heroína que se consume en el Reino Unido procede de Afganistán. Utilizando el precio de venta al público en el Reino Unido de 110 dólares por gramo (con un supuesto nivel de pureza del 50%), el valor total de venta al público del comercio de drogas afgano en 2003 (3.600 toneladas de opio) sería de unos 79.200 millones de dólares. Esta última cifra debe considerarse una simulación más que una estimación. Bajo este supuesto (simulación), 1.000 millones de dólares de ingresos brutos para los agricultores afganos (2003) generarían unos ingresos globales por narcotráfico -acumulados en diferentes etapas y en diferentes mercados- del orden de 79.200 millones de dólares.

Estos ingresos globales corresponden a sindicatos empresariales, agencias de inteligencia, delincuencia organizada, instituciones financieras, mayoristas, minoristas, etc. implicados directa o indirectamente en el tráfico de drogas. A su vez, el producto de este lucrativo comercio se deposita en bancos occidentales, que son un mecanismo clave para el blanqueo de dinero sucio. Un porcentaje muy pequeño se destina a los agricultores y comerciantes del país productor. Hay que recordar que los ingresos netos de los agricultores afganos son sólo una fracción de los mil millones de dólares estimados. Esto no incluye el pago de los insumos agrícolas, los intereses de los préstamos a los prestamistas, la protección política, etc. Afganistán produce más del 70% del suministro mundial de heroína y ésta representa una parte importante del mercado mundial de estupefacientes, cuyo valor se estima en la ONU entre 400.000 y 500.000 millones de dólares.

No existen estimaciones fiables sobre la distribución del comercio mundial de drogas entre las principales categorías:

➢ Cocaína, Opio/Heroína,

➢ Cannabis, estimulantes de tipo anfetamínico (ATS),

➢ Otros medicamentos.

El producto del tráfico de drogas se deposita en el sistema bancario normal. El dinero de la droga se blanquea en los numerosos paraísos bancarios de Suiza, Luxemburgo, las Islas del Canal, las Islas Caimán y otros 50 lugares del mundo. Aquí es donde interactúan los sindicatos criminales implicados en el tráfico de drogas y los representantes de los mayores bancos comerciales del mundo. El dinero sucio se deposita en estos paraísos fiscales, controlados por los grandes bancos comerciales occidentales. Estos últimos tienen un gran interés en mantener y apoyar el tráfico de drogas.

Una vez blanqueado, el dinero puede reciclarse en auténticas inversiones, no sólo en inmuebles, hoteles, etc., sino también en otros ámbitos como la economía de servicios y la industria manufacturera. El dinero sucio y secreto también se canaliza hacia diversos instrumentos financieros, como el comercio de derivados, materias primas, acciones y bonos del Estado. La política exterior de Estados Unidos apoya el funcionamiento de una próspera economía criminal en la que la línea entre el capital organizado y el crimen organizado es cada vez más difusa.

El comercio de heroína no "llena las arcas de los talibanes", como afirman el gobierno estadounidense y la comunidad internacional: ¡todo lo contrario! El producto de este comercio ilegal es la fuente de creación de riqueza, de la que se benefician poderosos intereses comerciales y criminales de los países occidentales.

Estos intereses están respaldados por la política exterior de Estados Unidos. Las decisiones tomadas por el Departamento de Estado, la CIA y el Pentágono contribuyen a sostener este comercio multimillonario altamente rentable, el tercero más importante después del petróleo y el comercio de armas.

La economía afgana de la droga está "protegida". El tráfico de heroína formaba parte del programa de guerra. Lo que la guerra ha hecho es restaurar un narcoestado complaciente, dirigido por un títere nombrado por Estados Unidos.

Los poderosos intereses financieros que están detrás de los narcóticos se apoyan en la militarización de los triángulos mundiales clave de la droga (y de las rutas de transbordo), entre ellos la Media Luna de Oro y la región andina de Sudamérica (en el marco de la Iniciativa Andina).

Cultivo de adormidera en Afganistán

Año	Producción (en toneladas)	Cultivos (en hectáreas)
1994	71,470	3,400

1995	53,759	2,300
1996	56,824	2,200
1997	58,416	2,800
1998	63,674	2,700
1999	90,983	4,600
2000	82,172	3,300
2001	7,606	185
2002	74,000	3,400
2007	88,000	4,000

Capítulo 3

La falsa guerra contra las drogas

E n la historia de todas las naciones, hay un punto claramente definido en el que se puede trazar un fuerte declive que lleva a su inevitable caída. Este es el caso de la India, incluso si nos remontamos a la cultura de Harappa, a la invasión de la India y a las grandes culturas arias creadas por los escitas y los helenos bajo Alejandro Magno. Los principales cambios culturales que arruinaron las civilizaciones en Europa procedieron de cuatro vías principales.

> ➤ De Asia occidental a Europa central y occidental a través de Rusia.

> ➤ Desde Asia Menor hasta el Mediterráneo Occidental a través del Mar Egeo.

> ➤ Desde Oriente Próximo y el Egeo hasta el Mediterráneo Occidental por mar.

> ➤ Desde el norte de África hasta España y Europa Occidental.

Tanto la civilización griega como la romana fueron destruidas por estas corrientes o una combinación de ellas. Es cierto que el movimiento masivo de personas y la difusión de diversas culturas desempeñaron un papel importante en la configuración del futuro de las naciones. Hay pruebas claras de que estos movimientos masivos han sido impulsados por razones comerciales y políticas. Personas y culturas extrañas comenzaron a reclamar "derechos" en la antigua Roma. Por razones políticas, los decadentes gobernantes romanos accedieron a estas demandas. En ningún lugar se puede rastrear más claramente este patrón de movimiento masivo de personas por razones políticas que en la historia de los Estados Unidos de América. En 1933, el presidente Franklin Delano Roosevelt abrió las compuertas a una invasión de pueblos de Europa del Este cuya cultura era totalmente ajena a la cultura cristiana anglosajona, nórdica alpina y lombarda germánica que constituía la masa del pueblo de Estados Unidos. Lo hizo con fines puramente políticos, sabiendo que los inmigrantes extranjeros le votarían a él y a su partido.

Este vasto maremágnum de personas no asimiladas social y culturalmente es el resultado de las decisiones políticas tomadas por los conspiradores cuyo objetivo era destruir la América cristiana. Esta política continúa en la actualidad. Los Estados Unidos están siendo inundados por pueblos extranjeros de Asia Menor, el Lejano Oriente, el Cercano Oriente, las Islas del Pacífico, Europa del Este, América Central y del Sur, hasta tal punto que la decadencia y caída de los Estados Unidos, iniciada en 1933, está ya muy avanzada.

Los cambios culturales han sido enormes, especialmente desde 1933. Con el pretexto de la "tolerancia" y el "internacionalismo", la población cristiana occidental de Estados Unidos se ha visto obligada a retroceder ante las presiones del "liberalismo". El compromiso se ha convertido en el orden del día. La ética cristiana blanca que una vez abundó en los Estados Unidos ha comenzado a ahogarse en un mar de ideas no cristianas que, si no se controla, hará en los Estados Unidos, en un tiempo relativamente corto, lo que se ha hecho en Roma.

Uno de los esfuerzos más diabólicos para destruir el ethos cristiano occidental de lo que yo llamo el pueblo indígena de América, es decir, los cristianos blancos, cuyos antepasados vinieron de Inglaterra, Irlanda, Escocia, Gales, Alemania, Escandinavia, Francia e Italia, ha sido el estrago cultural causado por la música rock and roll acompañada del uso masivo de drogas adictivas como la marihuana, los químicos, la heroína y la cocaína. No debemos caer en la trampa de pensar que estos desastrosos cambios culturales se produjeron por casualidad. El azar no juega ningún papel en estos trastornos. Estos son hechos, y el hecho es que todo el vasto cambio cultural de la moral cristiana a la decadencia pagana fue cuidadosamente planeado.

En los numerosos libros que he escrito, estos planes quedan al descubierto, y se proporcionan los nombres de las instituciones, empresas, organizaciones e individuos que son responsables de la terrible guerra contra la América blanca y cristiana. Entre mis libros se encuentran los siguientes:

> ➤ Instituciones y empresas de los conspiradores.

> ➤ La nobleza negra desenmascarada.

> ➤ ¿Quiénes son los conspiradores?

> ➤ Los líderes ocultos de Estados Unidos.

> ➤ La nueva era de Acuario.

Esto no es en absoluto todo lo que he hecho para exponer la amenaza de la droga. A lo largo de mis más de quinientas monografías y cintas de audio, se menciona este insidioso comercio y a sus responsables. Aprovechando su vasta experiencia y la riqueza obtenida con el comercio de opio en China en los siglos 18ème y 19ème, las familias oligárquicas británicas y sus primos estadounidenses comenzaron su ofensiva en el frente de las drogas en serio contra Estados Unidos inmediatamente después de la Segunda Guerra Mundial. Les recuerdo que el trabajo de investigación para mi guerra personal contra las drogas se hizo principalmente sobre el terreno y mi información procede de las relaciones dentro de los antiguos servicios de inteligencia implicados en la vigilancia del tráfico de drogas en varios países.

En los años 30, cierta autoridad en materia de inversiones británicas en el extranjero, un tal Sr. Graham, escribió que las inversiones británicas en América Latina ascendían a "más de un billón de libras". ¿Por qué tanto dinero en América Latina? En una palabra: drogas. Desde luego, no eran plátanos, aunque esa fruta desempeñó un papel en el encubrimiento de cargamentos de droga ocultos bajo racimos de plátanos.

La plutocracia que manejaba los hilos de los bancos entonces es la misma que dirige el tráfico de drogas hoy en día. Nadie pillará nunca a la alta burguesía de Inglaterra con las manos sucias; tienen sus respetables fachadas tras las que operan a través de testaferros y organizaciones como Frasers en África y Trinidad Leaseholds Ltd. en el Caribe (grandes empresas británicas registradas en Londres).

Durante el reinado de la reina Victoria, quince miembros del Parlamento inglés controlaban el vasto comercio de China y América Latina, y entre ellos estaban Lord Chamberlain, Sir Charles Barry y Lord Palmerston. Al igual que el comercio de opio en China era un monopolio británico, el comercio de drogas en el Caribe, América Central y del Sur, Oriente Medio y Extremo Oriente se convirtió en un monopolio británico.

Más tarde, en pos de sus objetivos de destrucción cultural de América, se permitió a algunas de las antiguas familias de "sangre azul" de América participar en el comercio; Thomas Handiside Perkins, los Delano y los Richardson son ejemplos de lo que quiero decir. Comenzando con la distribución por parte de los "misioneros" de la China Inland Mission, fuertemente financiada por el BEIC, el opio fue impuesto a la población china. La demanda fue creada y luego satisfecha por el BEIC.

Su servidor, Adam Smith, lo llamó "libre comercio". Cuando el gobierno chino trató de resistirse a convertir a su pueblo en adicto al opio, Gran Bretaña libró dos grandes guerras para detener lo que llamó "interferencia con el libre comercio".

Mientras estudiaba en Londres, conocí al hijo de una familia de misioneros que había servido en la Misión Interior de China. Su familia había sido misionera desde el siglo 19ème . Tras entablar una amistad bastante estrecha con una de las hijas que también había servido en China, me contó que todos fumaban opio y que era una tradición que existía en su familia desde hacía generaciones.

El comercio del opio en Indochina es uno de los secretos mejor guardados y de los capítulos más innobles de la historia de Europa Occidental. No hay que olvidar que la familia real británica tiene sus orígenes en Venecia, esa daga levantina en el corazón de Europa occidental. Robert Bruce, que usurpó el trono de Escocia, procedía de Venecia y su verdadero nombre no era Bruce. Lo mismo podría decirse de la llamada "Casa de Windsor", en realidad la Casa de los Guelfos Negros.

Como ya se ha mencionado, tras su éxito en India y China, el BEIC dirigió su atención a Estados Unidos, que es una de las razones por las que tenemos una supuesta "relación especial" con la aristocracia británica, y de hecho muchos de nuestros "líderes" están vinculados a la realeza británica. Franklin D. Roosevelt, George Herbert Walker Bush y Richard Cheney son ejemplos que me vienen a la mente. El lucrativo comercio de drogas establecido en China es uno de los peores ejemplos de explotación de la miseria humana con fines de lucro.

Al amparo de la ley de espionaje industrial del gobierno suizo, que se invoca libremente, se prevén severas penas de prisión si se divulga algo sobre las acciones de estas dos empresas, o incluso sobre cualquier empresa suiza. No agite el barco en Suiza si no está dispuesto a afrontar consecuencias muy desagradables. La retórica de personas como la Sra. Thatcher y George Bush, que básicamente nos dicen que están decididos a luchar contra las drogas, puede ser completamente ignorada.

La llamada "guerra contra las drogas" es absolutamente falsa en los niveles más altos del gobierno. No hay ninguna guerra contra las drogas, ni la ha habido nunca. Sólo cuando los gobiernos británico y estadounidense persigan a los responsables del tráfico de drogas, su proclamada "guerra" tendrá algún significado. Esto significa detener a personas como los Keswicks, los Jardines, los Mathesons y cerrar bancos como el Midland Bank, el National and Westminster Bank, el Barclays y el Royal Bank of Canada. No menciono estos nombres de la alta sociedad británica a la ligera.

Ya en 1931, los jefes de estas empresas y bancos fueron nombrados pares del reino. Fue la propia Reina de Inglaterra quien otorgó una protección especial a las cinco principales empresas de comercio de drogas de Inglaterra. A través de un amigo de confianza, tuve acceso a los documentos del difunto Frederick Wells Williamson, el administrador de los Documentos de la India. Lo que vi me impactó. La lista de familias "nobles" de Inglaterra y Europa implicadas en el tráfico de drogas provocaría una tormenta de indignación en Gran Bretaña y Europa si alguna vez se revelaran las víboras coronadas.

Después de la Segunda Guerra Mundial, una avalancha de heroína amenazó con hundir el mundo occidental, con especial atención a Norteamérica. Este comercio estaba dirigido y financiado por gente de alto nivel. El KGB lo utilizó como arma contra Occidente bajo las órdenes y dirección del difunto Yuri Andropov. Suministrados y financiados por el KGB, se crearon instalaciones de fabricación de cocaína y heroína en Cuba, bajo la dirección de Raúl Castro, hermano de Fidel Castro.

Estos hechos son conocidos por el gobierno estadounidense, que nunca ha podido hacer nada para inutilizar las instalaciones cubanas y las políticas parecen dejar a Cuba "intocable". Galen, la notoria autoridad en materia de heroína, debería ser leída por cualquiera que quiera entender claramente qué es la heroína y qué hace al cuerpo humano. Los primeros consumidores de opio (del que se deriva la heroína) de los que se tiene constancia fueron probablemente los antiguos mogoles de la India, cuya dinastía duró de 1526 a 1858 y cuya civilización se derrumbó a medida que aumentaba la producción de opio y el poder británico.

Un mapa de la India que obtuve de los India Papers, India House, Londres, muestra las zonas donde se cultivaba la adormidera, y corresponde a la adquisición de territorio por parte de los británicos a partir de 1785, a lo largo de la cuenca del Ganges, Bihar y Benarés. El opio de mejor calidad procedía de las amapolas cultivadas en estas zonas. Es sencillamente increíble lo que los señores del opio británicos, la clase dirigente británica en Inglaterra, fueron capaces de lograr en la India.

La realeza y sus familiares llamaban a este comercio

fantásticamente lucrativo "el botín del Imperio". Los documentos de la Casa de la India, llamados Miscellaneous Old Records, resultaron ser una mina de información para mí. Estos documentos muestran la total implicación de los altos cargos del gobierno británico, la realeza y la oligarquía, en el comercio del opio en China.

Estos documentos muestran que la "nobleza" y la "aristocracia" británicas hicieron "fortunas instantáneas". Los extranjeros, como William Sullivan, que fue juzgado por hacer una "fortuna instantánea" no autorizada a expensas de la Compañía Británica de las Indias Orientales, no tardaron en verse en graves problemas. Los directores de la Compañía Británica de las Indias Orientales eran miembros destacados del Partido Conservador, como Lord Palmerston y otros. Tenían sus propios pasaportes de la Compañía Británica de las Indias Orientales, que eran necesarios si se quería viajar a China.

Los señores y las damas que poseían la Compañía Británica de las Indias Orientales intentaron introducir el opio en Inglaterra por primera vez en 1683, pero no pudieron convencer a los robustos campesinos y a la clase media de que se hicieran adictos. Así que los plutócratas y la oligarquía empezaron a buscar un mercado.

Se intentó en la península arábiga, pero también fracasó, gracias a las enseñanzas del profeta Mahoma. Así que se dirigieron a China y a sus masas, tan convenientemente cercanas a Bengala. No fue hasta 1729 cuando el gobierno chino trató de aprobar leyes contra el opio, lo que puso a China en rumbo de colisión con Gran Bretaña. La aristocracia británica y su estructura oligárquica son muy difíciles de penetrar. Para las personas sin formación especial, esta tarea es imposible. La gran mayoría de los líderes políticos británicos de cierta importancia están emparentados entre sí, y los llamados títulos son asumidos por el hijo mayor a la muerte del miembro más antiguo de la familia, y prácticamente todas estas familias están en el tráfico de drogas, indirectamente por supuesto.

Puede que este detalle le resulte algo tedioso. Sé que lo encontré así cuando leía montañas de documentos en Londres y registraba información en mi reserva de cuadernos. Cuando no se me permitía tomar esas notas, mi cámara especial de "espía" me servía. Les doy esta información, que requirió mucha investigación, ya que afecta profundamente a los Estados Unidos de América.

Esto forma parte del encubrimiento de la "relación especial" que vincula a nuestras propias "familias nobles" del narcotráfico con sus "primos" británicos. Esta "relación especial" ha ocultado una situación desagradable en la que un elemento extranjero que se ha colado en la aristocracia británica ha sido heredado por sus primos estadounidenses.

Tomemos el caso de Lord Halifax, embajador británico en Washington, quien, a todos los efectos, asumió el control de la política exterior estadounidense antes y durante la Segunda Guerra Mundial, incluyendo la supervisión de todas las capacidades de inteligencia de Estados Unidos. Su hijo, Charles Wood, se casó con una señorita Primrose, pariente consanguínea de la horrible y despreciable Casa Rothschild, con nombres como Lord Swayling y Montague asociados a la Reina Isabel; la accionista mayoritaria conjunta de la Compañía Shell. Vinculo a todas estas personas y sus instituciones con el tráfico de drogas.

Uno de los antepasados de esta prole fue Lord Palmerston, quizá uno de los primeros ministros británicos más respetados de todos los tiempos. También resultó ser el principal instigador del comercio de opio en China. Estas "víboras coronadas" permitieron a sus "primos" británicos de América participar en este comercio cuando tuvieron que trasladar grandes reservas de opio al interior de China. El comisario chino Un, señaló:

> Hay tanto opio a bordo de los barcos ingleses que ahora circulan por las carreteras (Macao) que nunca será devuelto al país del que procede. Se va a realizar una venta aquí en la costa y no me sorprenderá saber que se introduce de contrabando (en China) bajo los colores americanos.

El Comisario Uno nunca vivió para averiguar lo acertado de su predicción y lo que indirectamente condujo a la infestación de drogas de los Estados Unidos. Tenemos que ver cómo nosotros, los ciudadanos, estamos siendo engañados y mantenidos en la oscuridad sobre lo que está pasando.

Una cosa de la que podemos estar seguros es que, después de leer este libro, nadie tendrá ninguna duda de que los esfuerzos de Estados Unidos para frenar el flujo de drogas a este país y acabar con el tráfico de drogas son fatalmente defectuosos, y que estos errores y fracasos son deliberados.

Nuestro gobierno no quiere que se acabe el tráfico de drogas. Los poderes fácticos, los que controlan a "nuestros" representantes en el Congreso, hace tiempo que decretaron que cualquier guerra contra las drogas será una guerra de mentira. Dos miembros clave del gobierno han dimitido por esta falta de voluntad de hacer algo en la cima de la llamada guerra contra las drogas. Un fiscal general se vio obligado a dimitir porque se consideró que estaba coludido con el gobierno mexicano, protegiéndolo al más alto nivel. Un presidente fue obligado a abandonar su cargo porque se atrevió a intentar hacer frente a los responsables del narcotráfico. Los británicos trasladaron su comercio de opio de Cantón a Hong Kong y luego a Panamá, por eso era tan importante poner al general Noriega fuera del negocio, de forma permanente.

La heroína iba de Afganistán a Pakistán, pasando por la desolada costa de Maccra y el Mar Rojo, hasta llegar a Dubai, donde se cambiaba por oro. Venía del Líbano, del valle del Bekka, controlado por Siria, lo que explica que las fuerzas armadas sirias ocuparan el Líbano durante tanto tiempo; venía del Triángulo de Oro de Birmania y Tailandia, y de la Media Luna de Oro de Irán, lo que explica que el Sha fuera primero depuesto y luego asesinado cuando se enteró de lo que estaba pasando e intentó detenerlo.

Esta guerra de la droga muy real contra los Estados Unidos es parte de la conspiración del gobierno mundial, una conspiración que tiene sus raíces en el Comité de los 300. La historia de las drogas es tan antigua como la del propio hombre. La conspiración para derrocar a todos los gobiernos y religiones existentes es un esfuerzo tripartito: espiritual, económico y político. Las drogas son su principal arma. El gnosticismo es la fuerza contraria al cristianismo. La reina de Inglaterra es gnóstica, al igual que su marido, el príncipe Felipe. Incluye el uso libre de drogas, el culto a la madre, la diosa de la tierra, la teosofía y los rosacruces, que dirigían las bandas de opio chinas conocidas como "Tríadas". Las "Tríadas" se abastecían de opio en los almacenes de los barcos británicos y luego obligaban a los terratenientes chinos a abrir fumaderos de opio.

Alistair Crowley fue el modelo del demonio de la droga en la sociedad victoriana británica. Fue la cuna del "rock and roll", a través del Instituto Tavistock, que creó "bandas de rock" para difundir el uso del LSD, la marihuana y, más tarde, la cocaína. Puede que no lo sepamos, pero bandas tan decadentes como los Rolling Stones gozan del patrocinio de las principales familias británicas y de la familia oligárquica alemana de Von Thurn und Taxis. Las veneradas familias nobles británicas llevan mucho tiempo en el negocio de las drogas a través del Hong Kong and Shanghai Bank, conocido cariñosamente como el "Hongshang Bank". El negocio del Hong Kong and Shanghai Bank es la droga, pura y dura. De estas familias nobles surgió el complot para asesinar a Abraham Lincoln y posteriormente a John F. Kennedy. Su dominio de los Estados Unidos es total, actuando a través de sus instituciones y sociedades, organizaciones religiosas "talladas". La Familia Real de Inglaterra es la verdadera dueña del imperio licorero de los Bronfman.

Durante la época de la Prohibición, los Bronfman fueron los mayores contrabandistas de alcohol de Canadá a Estados Unidos. Los estadounidenses no deben olvidar nunca que estos hombres poderosos y sus empresas son responsables del vasto río de drogas en el que América se está ahogando literalmente. Nuestro principal organismo de control es el Real Instituto de Asuntos Internacionales (RIIA). El presidente de Morgan Guarantee también es miembro del consejo de administración de la RIIA.

Otros miembros del Consejo de Administración de Morgan forman parte del Consejo de Administración del Hong Kong and

Shanghai Bank.

Lord Cato forma parte del "Comité de Londres" del Hong Kong and Shanghai Bank. Es la RIIA, a través de una red de empresas, instituciones y bancos, la responsable de la amenaza mundial de la droga. Fue la RIIA la que instaló a Mao Tse Tung en el poder en China, y luego convirtió a Hong Kong en el principal puesto de comercio de opio y oro del mundo, posición que ha mantenido hasta la reciente expansión de Dubai. Hace algún tiempo escribí sobre el extremo australiano del tráfico de drogas y mencioné su metodología. Recibí una carta de un hombre que me dijo que había sido mensajero de una de las mayores empresas de blanqueo de dinero y que mi información era muy precisa.

La empresa australiana estaba controlada desde Inglaterra. Ya he mencionado la amenaza hecha por Chou En-Lai al presidente Nasser de Egipto. Ambos han fallecido, pero vale la pena repetir lo que dijo el líder chino:

> Algunos de ellos (las tropas estadounidenses en Vietnam) están probando el opio. Nosotros les ayudamos. ¿Recuerdas cuando Occidente (es decir, los británicos) nos impusieron el opio? Nos combatieron con opio. Y ahora los combatiremos con sus propias armas. El efecto que esta desmoralización tendrá en Estados Unidos será mucho mayor de lo que se cree.

Esta conversación fue grabada en junio de 1965 por Mohammed Heikel, el muy respetado ex director del diario egipcio *Al Ahram*. Los bancos extraterritoriales conocidos por el blanqueo de dinero procedente de la droga y afiliados al Real Instituto de Asuntos Internacionales están repartidos por todo el mundo. A continuación, una lista de los países en los que se encuentran:

Singapur	14
Bahamas	23
Antigua	5
Indias Occidental	10

es

Bermudas	5
Trinidad	6
Caimán	22
Panamá	30

Esta lista excluye a los bancos RIIA controlados por China. Para obtener una lista de estos últimos, puede consultar el Directorio Bancario de Polk. Las listas de nombres de personas destacadas llenarían páginas. Baste decir que entre ellos se encuentran los más destacados de la sociedad británica, como Sir Mark Turner, que controla los principales bancos de la familia real británica, incluido el Royal Bank of Canada. Los antecedentes de Turner conspiraron con el rey Jorge III para perjudicar a los colonos americanos. El mayor comercio de opio por oro lo realizó en Dubai el Banco Británico de Oriente Medio. La cantidad de oro negociada en Dubai superó a la vendida en Nueva York. Esta operación está en manos de Sir Humphrey Trevelyn.

El precio mundial del oro se "fija" cada día en las oficinas de N.M. Rothschild, St. Swithins Court, Londres. Se basa únicamente en el precio del opio. Los que se reúnen en las oficinas de N.M. Rothschild son representantes de la Anglo American Company of South Africa de Harry Oppenheimer, Moccato Metals, Johnson Matthey Kleinwart Benson, Sharps, Pixley Wardley y miembros del Comité de Londres del Hong Kong and Shanghai Bank.

Entre ellos, estas empresas y sus representantes reflejan el órgano de control del comercio del opio y la heroína, ya sea la cantidad a cultivar, el precio a pagar y, a la inversa, el precio del oro; quién debe comerciar, dónde y en qué cantidades.

Los intentos de contrabando de "extranjeros" se denuncian rápidamente a la red policial privada de David Rockefeller, conocida como "Interpol", lo que a veces da lugar a la incautación de cantidades relativamente pequeñas de droga. Estas incautaciones son aclamadas por la prensa mundial como "grandes victorias" en la falsa guerra contra las drogas. El comercio al por mayor de heroína y cocaína pasa por los siguientes bancos principales. Hasta ahora, ningún gobierno se ha atrevido a perseguirlos, aunque abundan las pruebas de sus nefastas actividades:

ESTADOS UNIDOS.

- El Banco de Nueva Escocia
- Distribuidores de diamantes Harry Winston
- Metales Mocatto
- Metales N.M.R.
- Loeb Rhodes
- Minerales Engelhard
- Banco Dadeland
- First Bank of Boston
- Credit Suisse

CANADA

- The Royal Bank of Canada
- Noranda Sales Corporation
- Banco Imperial Canadiense de Comercio
- Banco de Nueva Escocia
- Hong Kong. Sharp Pixlee Wardley
- Empresa Inchcape
- Carta consolidada
- Banco de Hong Kong y Shanghai
- Standard y Chartered Bank
- Banco chino de ultramar

- Jardine Matheson
- Sime, Darby
- Banco de Bangkok

ORIENTE MEDIO

- El Banco Británico de Oriente Medio
- Barclays International Bank, Dubai
- Barclays Discount Bank
- Banco de Israel Leumi
- Hapolum Bank of India

PANAMÁ

- Bancoiberia América
- Banconacional de Panamá

INGLATERRA

- National Westminster Bank
- Banco de las Tierras Medias
- Barclays Bank

Panamá es importante en el mundo de la droga, ya que se creó como zona de comercio de cocaína. Para ello se abrieron grandes bancos comerciales. El hombre fuerte Omar Torrijos fue puesto en el cargo, pero cuando cambió de afiliación, fue "despedido".

Cuando el general Noriega, actuando en virtud de una orden de la USDEA que creía haber recibido, comenzó a desmantelar el imperio bancario de la droga de los Rockefeller en Panamá, fue secuestrado por un contingente militar de 7.000 hombres bajo el mando del presidente G.W.H. Bush y llevado a Miami para ser juzgado como un importante "narcotraficante". Pagó el precio al ser condenado "judicialmente" a una prisión de la que nunca saldrá.

El presidente Nixon se creyó lo suficientemente grande como para hacer frente al tráfico de heroína a través de Francia. Descubrió que estaba equivocado y perdió su presidencia por su audaz intento de alterar el "vínculo especial" entre Gran Bretaña y Estados Unidos.

La Corporación aún tiene cerca de 200 toneladas de pasta de cocaína, mientras se sabe que Pato Pizzaro, en su mejor momento, movía cientos de millones de dólares a través de bancos panameños. Pizzarro era el jefe de "La Corporación", una entidad boliviana, hasta que fue asesinado por orden del cártel de Medellín por intentar "desbancarlos". Un hombre que sabía todo lo que ocurría en Panamá, pero que no lo denunció, era Alfredo Duncan, el agente de la DEA a cargo adscrito a la embajada estadounidense. Alfredo Duncan fue el principal responsable de la fuga de Remberto, el encargado del lavado de dinero de "Las Corporaciones", uno de los más importantes hombres de dinero de la red boliviana que opera en Panamá.

La red fue creada por David Rockefeller como principal banco de cocaína, al igual que los británicos habían creado Hong Kong para el comercio de heroína. Remberto fue atraído a Panamá. Esperó a que se llegara a un supuesto acuerdo, pero cuando Edwin Meese, entonces Fiscal General, advirtió al gobierno mexicano de lo que estaba a punto de ocurrir, Remberto pudo escapar, evitando ser detenido. El agente a cargo, Alfredo Duncan, recibió docenas de cables de la DEA en Washington ordenándole que detuviera a Remberto. Cuando se supo que el pájaro había volado, el agente de la DEA Alfredo Duncan culpó a la CIA, afirmando que ésta lo había "llevado (a Remberto) a la isla de Contadora". Así se frustró lo que podría haber sido un gran triunfo para la guerra contra las drogas. En cambio, terminó en un fiasco de órdenes bloqueadas o ignoradas. Uno tiene la clara impresión de que a Remberto se le permitió escapar deliberadamente.

En la tan cacareada y terriblemente cara "Operación Snowcap", la DEA debía adentrarse en la selva boliviana y desmantelar los enormes laboratorios de cocaína. Desde el principio, la

"Operación Snowcap" fue una farsa fraudulenta, aparentemente diseñada para hacer creer al Congreso y al pueblo estadounidense que la DEA estaba teniendo un gran éxito en esta falsa guerra. "La operación Snowcap fue como la guerra de Vietnam. Estados Unidos no tiene intención de ganarla. No nos atrevemos; el juego es demasiado importante. Esta falsa guerra contra las drogas está llena de engaños, mentiras e hipocresía. En resumen, es una pérdida de tiempo y de dinero de los contribuyentes, un cruel engaño, totalmente sin sentido. Al igual que el gobierno estadounidense estaba dispuesto a sacrificar las vidas de sus soldados en Vietnam, a sabiendas de que no teníamos ningún interés en derrotar al enemigo, también estaba dispuesto a sacrificar las vidas de jóvenes y dedicados agentes de la DEA, muchos de los cuales murieron en acto de servicio durante la Operación Snowcap.

El teniente coronel Oliver North es sospechoso desde hace tiempo a los ojos de un miembro del Senado estadounidense. La información que tengo sobre sus acciones para frustrar una operación de drogas en Colombia me lleva a creer aún más firmemente que nuestro gobierno no tenía ninguna intención de ganar su tan anunciada "guerra contra las drogas".

En varias de mis monografías sobre las drogas, he hablado extensamente del Cártel de Medellín y de los barones de la cocaína colombianos. En este sentido, a riesgo de hacer "publicidad", diré que he estado a la vanguardia de la divulgación del nombre "Cartel de Medellín" y de todo el tráfico de cocaína colombiana en general.

En contra de la creencia popular, la mayor parte de la cocaína no se procesa en Colombia, sino que procede de Bolivia. Las cifras oficiales de la DEA muestran que el 97% de la cocaína procede de Bolivia. La razón por la que Colombia recibe toda la atención es que los bolivianos no son un pueblo violento y apenas salen de Bolivia para vender. Si quieres comprar cocaína, tienes que ir a Bolivia.

En el caso de Oliver North, Bobby Seale, un agente encubierto que había penetrado en el cartel de Medellín, creía que North estaba sobornando a Daniel Ortega, líder de los sandinistas. Pasó la información a la DEA, que se la dio a North. North tuvo una oportunidad de oro para poner su dinero donde estaba su boca. En cambio, optó por cuestionar la información proporcionada por Seale, cuyo historial demostraría que fue el agente encubierto de la DEA más eficaz de todos los tiempos en Colombia. North dijo entonces a la DEA que quería que Seale pasara dinero a los Contras.

Nunca pude imaginar por qué North quería apartar a Seale de su dinámico papel; aquí había un hombre que realmente estaba luchando en la guerra contra las drogas para nuestro bando. Cuando Seale se negó a ser secundado por North, éste filtró la historia de Seale a la prensa. ¿Cuál fue el resultado? La mejor operación de la DEA fue destruida y Seale fue asesinado por sicarios del cártel de Medellín, después de que se le quitara la protección y se hiciera pública su dirección por orden de un juez. ¿No me crees? Desde mi revelación, se ha hecho una película en la que la historia se describe exactamente como yo la describí 4 años antes de que Seale fuera asesinado. No quiero juzgar al teniente coronel North, pero la filtración de la historia de Seale a los chacales de los medios de comunicación estadounidenses es una traición comparable a la forma en que el *New York Times* filtró nuestros códigos de satélite a la Unión Soviética a través de uno de sus periodistas, Richard Burt. Como mínimo, North tiene que dar muchas explicaciones. En mi opinión, North está sólo un paso por encima de un "dirt bag", el término del argot callejero para referirse a un informante. La muerte de Bobby Seale fue una pérdida muy grave. Sin las audiencias de Irán-Contra, probablemente no se habría informado de este deplorable suceso.

En mi opinión, la "fuga" del Norte no fue un accidente y, desde luego, no fue un incidente aislado. No es la única vez que han surgido pruebas de que nuestro gobierno no está totalmente en guerra contra las drogas. En otro caso colombiano relacionado con el cártel de Medellín, uno de sus principales proveedores bolivianos, Roberto Suárez, perdió 850 libras de cocaína y dos de sus principales secuaces que fueron detenidos en una redada en Miami. Suárez tenía un ingreso de un millón de dólares al día, y eso era un ingreso estable a ese nivel. Era más el líder de Bolivia que su presidente.

En la documentación de este caso han aparecido repetidamente altas personalidades de los gobiernos latinoamericanos. Poco después de la detención de dos de los principales "diplomáticos del narcotráfico" de Suárez, se produjo el más aterrador de los golpes contra el gobierno boliviano, que contó con el apoyo de la DEA y la CIA. El golpe tuvo éxito, costando miles de vidas y convirtiendo a Bolivia en el principal proveedor de cocaína de Colombia. Tal vez por eso se retiraron los cargos contra los dos "diplomáticos de la droga" de Suárez detenidos en Miami y se redujo misteriosamente la fianza del tercer hombre, lo que les permitió regresar a casa el mismo día.

Recuerden que no se trata de traficantes de poca monta como los de las noticias nocturnas de la NBC. Estos hombres estaban en la cúspide del cártel de la droga, por lo que no había ningún problema para pagar la fianza y salir de Estados Unidos. Los que tienen una fe injustificada en nuestro gobierno y nuestro presidente pueden querer creer que esto no fue más que un accidente, pero con cientos de casos similares que han salido mal, ¿cómo podemos confiar en nuestro gobierno? Al parecer, no soy el único con sospechas. El ex comisario de aduanas William von Raab dijo en una ocasión que su departamento estaba más interesado en los casos de contrabando de loros que en perseguir a los grandes narcotraficantes.

Von Raab fue el blanco del veneno del Congreso cuando denunció a todo el gobierno mexicano como corrupto. Los hechos y las circunstancias parecen respaldar las graves acusaciones de Von Raab. México responde habitualmente a las acusaciones de que sus altos cargos están implicados en el narcotráfico diciendo "dennos pruebas para que podamos investigar sus acusaciones". Cada vez que surge una oportunidad de aportar pruebas, fuerzas misteriosas de nuestro gobierno intervienen y frustran la acción.

Uno de estos casos involucró a un tal Héctor Alvares, miembro del cuerpo de prensa del ex presidente Salinas de Goltari. Alvares y otro testaferro, Pablo Girón, dijeron a un agente encubierto de la DEA que se hacía pasar por un importante comprador de cocaína que podía acordar con el gobierno mexicano el traslado de cargamentos de cocaína boliviana a través de México hasta los Estados Unidos. Esto fue durante las discusiones preliminares de una "compra" de cocaína base boliviana. Girón dijo que tenía línea directa con el general mexicano Poblana Silvo, quien daría seguimiento a su llamada (de Girón).

Girón le dijo a un agente de la DEA (que juró) que era muy cercano a Salinas de Gottari. Un informante de aduanas también juró que le dijeron que Álvarez formaba parte de un destacamento del servicio secreto encargado de proteger al presidente electo Goltari. En esta propuesta de "compra" en particular, se trataba de dieciséis toneladas de cocaína. Esto era totalmente independiente de la Operación Snowcap. Durante las conversaciones en Panamá, Alfredo Duncan, el agente de la DEA a cargo en Panamá, informó a varios agentes de la DEA y de aduanas que el general Manuel Noriega era "un hombre de la DEA". Esto fue confirmado al menos tres veces en cartas de John Lawn, jefe de la DEA en Washington.

Otras dos personas involucradas con Álvarez eran los bolivianos Ramón y Vargas, que poseían un laboratorio de cocaína en Bolivia que producía regularmente 200 kilos de cocaína al mes. Finalmente, el "comprador" de la DEA, un piloto contratado y un funcionario de aduanas, se ganaron la confianza de los bolivianos y fueron invitados a inspeccionar sus instalaciones en lo profundo de la selva boliviana. Lo que encontraron les dejó atónitos y asombrados.

Descubrieron siete pistas de aterrizaje con capacidad para 747 aviones, junto con laboratorios subterráneos muy grandes y edificios de apoyo, un complejo sorprendente, custodiado por tropas fuertemente armadas. El acuerdo en el que estaban involucrados implicaba la compra de 5.000 toneladas de cocaína. Sin embargo, en todos los años que Snowcap llevaba operando, la DEA no se había acercado a las instalaciones bolivianas.

Cuando el agente secreto preguntó a Ramón y a Vargas si no

tenían miedo de la Operación Snowcap, se limitaron a reír. Ramón y Vargas tenían buenas razones para estar llenos de hilaridad. La "Operación Snowcap" fue una pesadilla burocrática. Se enviaron a Bolivia equipos equivocados, la mayoría inútiles, y muchos otros "errores", según Vargas. Nadie en Bolivia se preocupó lo más mínimo por la Operación Snowcap. Los aviones asignados al Snowcap no tenían el alcance necesario para llegar a las instalaciones de la selva y los pocos helicópteros eran totalmente inadecuados para la tarea. ¿Fue este otro de los muchos "errores"?

No creo que se trate de un simple error burocrático. Por la información que he recopilado, parece que estos "errores" fueron un sabotaje deliberado. Por un lado, la potencia de fuego de los agentes de la DEA no podía aspirar a igualar las capacidades de estilo militar de "la Corporación".

En 1988, la DEA gastó cien millones de dólares en la Operación Snowcap. ¿Qué recibimos a cambio? Unos quince mil kilos de cocaína parcialmente procesada.

Aunque esto pueda parecer mucho, comparado con la capacidad de producción de La Corporación, era una gota de agua. Recordemos que los quince mil kilos representaban menos de tres meses de producción de cocaína boliviana. ¿Por qué no compramos la cocaína a un precio mucho más bajo -lo que podríamos haber hecho- como el agente secreto había rogado a todos en Washington que se le permitiera hacer?

La respuesta es que la DEA se negó a poner dinero en una compra que no sólo habría permitido obtener una enorme cantidad de cocaína totalmente procesada, sino también a cuatro de los principales dirigentes de la "Corporación" boliviana. También habría proporcionado a Estados Unidos las pruebas, de las que ha carecido hasta ahora, de la participación del gobierno mexicano al más alto nivel.

- ¿Por qué la DEA se negó a pagar el dinero?

- ¿Por qué el ayudante del fiscal de los Estados Unidos en San Diego se negó a conceder una intervención telefónica que habría conducido al general mexicano Poblano Silva, a quien Girón iba a llamar por teléfono e implicar en una compra masiva de cocaína?

- ¿Por qué el Fiscal General Edwin Meese llamó al Fiscal General de México para advertirle de la próxima operación de la DEA que habría implicado al General Poblano Silva en una importante trama de distribución de cocaína en Bolivia?

- El Comisario de Aduanas William von Raab habría dimitido disgustado por la advertencia telefónica de Meese - ¿Y qué pasa con nuestra "guerra contra las drogas" en Colombia?

¿Qué tal le va a EE.UU. en este país? La respuesta es que lo hemos hecho mucho peor en Colombia que en cualquier otro lugar del mundo, a pesar de los millones de dólares invertidos en la "guerra contra las drogas" sólo en ese país. El presidente G.H.W. Bush no ha hecho nada importante en Colombia. El 25 de febrero de 1991, el presidente colombiano Cera Gaviria declaró que su gobierno mantendría conversaciones de paz con los narcotraficantes y sus amigos terroristas.

Las llamadas "iniciativas de paz" no son más que una capitulación total ante las exigencias del narcotráfico colombiano. No se hablará más de la extradición a los Estados Unidos. Este fue el resultado de una visita de cinco días de Gaviria a Washington, durante la cual la administración Bush avaló la capitulación ante los barones de la cocaína. Bush calificó el plan de "valiente y heroico". Los años dedicados a la recopilación de pruebas reales contra los narcotraficantes carecen ahora de valor; han sido comprometidos de tal manera que nunca podrán ser utilizados en los tribunales.

Bobby Seale, entre otros, murió en vano. Con la aprobación de la administración Bush, los guerrilleros del M19 (terroristas de las FARC y el ELN) y sus jefes de la cocaína tenían el control absoluto de 33 delegados que trabajaban en una nueva constitución para Colombia. En total, unos 77 delegados recibieron esta responsabilidad.

Los barones de la cocaína se burlan abiertamente de la DEA y del Servicio de Aduanas de Estados Unidos, y no es de extrañar. Ahora van a hacer su agosto en Colombia, pues tienen poco que temer de su impotente gobierno, y mucho menos de Washington. Según un ejemplar del periódico *El Spectator* del 18 de febrero de 1992, que recibí y traduje del español, este periódico parece ser el único con el valor suficiente para hablar en contra de la capitulación de Gaviria y Bush:

Bajo la presión del chantaje y el crimen, el Estado se abstiene de ejercer su responsabilidad fundamental de proteger la vida humana y acepta negociar, uno a uno, los principios legales que sustentan la existencia misma del Estado.

La afirmación de Bush sobre la victoria en la inexistente "guerra contra las drogas" es engañosa. Si el asunto no fuera tan grave, las estadísticas de la administración serían una broma pesada. En febrero de 2004, la administración Bush publicó el informe sobre la Estrategia Nacional de Control de Drogas, elaborado por el nuevo jefe de drogas de la Casa Blanca, el ex gobernador de Florida Bob Martínez. Martínez consiguió el puesto después de que William Bennett perdiera la guerra con el fiscal general Thornburgh. Este es otro de los miles de casos de puestos de trabajo para amiguetes.

El ex gobernador John Ellis Bush (Jeb Bush), hijo de G.W.H. Bush y hermano de George W. Bush, formó parte del equipo del ex gobernador Martínez como Secretario de Comercio. En realidad, Jeb Bush tenía grandes problemas, que nunca salieron a la luz. Su nombre en la venta de cocaína al gobierno nicaragüense figuraba en el informe que el teniente coronel North no creyó y logró encubrir. El documento de Bush, profundamente defectuoso, está lleno de estadísticas amañadas. Los agentes de la DEA lo han calificado en privado de "basura total".

Cuando John Lawn aún era jefe de la DEA, a él y a sus agentes les hizo mucha gracia la declaración de Reagan de que la guerra contra las drogas "ha dado un giro". John Lawn se ha ido, pero el recuerdo de la debacle persiste. La administración Bush señaló con orgullo los 65 millones de dólares de ayuda de emergencia concedidos a Colombia para su "guerra contra las drogas".

El mayor general Miguel Gómez Padilla, de la Policía Nacional de Colombia, dijo que el material enviado era el equivocado y que la ayuda era adecuada para la guerra convencional, pero totalmente inútil "en el tipo de guerra que estamos librando".

¿Puede Estados Unidos ser tan estúpido? No lo creo. Es más probable que lo ocurrido con el paquete de ayuda colombiano haya sido un acto de sabotaje deliberadamente planificado.

Tras veinte años de experiencia en la guerra contra el narcotráfico en Colombia, cabría imaginar que nuestro gobierno habría acumulado suficientes conocimientos para saber qué tipo de equipo se necesita. Los informes sobre la estrategia en materia de drogas no proporcionaron ninguna información sobre la disponibilidad de drogas, ni sobre el número de consumidores confirmados. Tampoco abordaron la cuestión más crucial de todas, a saber, la persecución del usuario, que los agentes de la DEA han defendido durante mucho tiempo como la táctica con más probabilidades de éxito.

No es de extrañar que el gobierno de EE.UU. no diga mucho sobre el enorme aumento del consumo de drogas. Ahora que la marihuana es el principal cultivo comercial en 37 estados, ¿cómo se detendrá este "negocio"? Será interesante ver lo que ocurre cuando la marihuana sin semillas, potente y de gran calidad, llamada "sinsemellia", empiece a cultivarse en los Estados Unidos.

Mientras el precio de la cocaína supere al del oro (5.000 dólares por kilo) y el precio de la heroína sea seis veces superior al de un peso equivalente de oro, será imposible erradicar el narcotráfico, al menos si la corrupción en la cúspide se extiende por las filas de las agencias antidroga.

La DEA está plagada de conflictos. Creada en 1973 por el presidente Nixon para evitar el conflicto entre la Oficina de Narcóticos y Drogas Peligrosas y la Oficina de Aduanas, hoy en día hay más celos y conflictos entre las aduanas y la DEA que nunca. La moral es inexistente. ¿A dónde vamos a partir de aquí? No es que otra remodelación vaya a cambiar las cosas. Hasta que no se aborde el problema de arriba abajo, todos los esfuerzos por frenar el flujo de drogas hacia Estados Unidos fracasarán. Para una verdadera guerra, hay que golpear a las personas que ocupan los más altos cargos del país, y golpearlas con fuerza. No tengo ni idea de quién será lo suficientemente valiente para asumir esta tarea, pero sin duda necesitamos un líder intrépido.

La administración ha perdido el control; no conoce el alcance del problema de las drogas en el país. La Red de Alerta sobre el Abuso de Drogas informa de que las sobredosis no están disminuyendo, como afirma la administración Bush; no se han notificado porque los presupuestos de los hospitales se han recortado tanto que no hay dinero para contratar al personal necesario para controlar los casos de sobredosis.

¿Y qué pasa con Panamá, ya que el secuestro del general Noriega ha hecho que el territorio sea seguro para el tráfico de drogas? Recuerdo que en 1982 informé que el Banco Nacional de Panamá había incrementado su flujo de dólares en casi un 500%, según las estadísticas proporcionadas por el Departamento del Tesoro de Estados Unidos. Sólo en ese año fluyeron unos 6.000 millones de dólares de dinero no declarado de Estados Unidos a Panamá. Mis fuentes dicen que, desde el secuestro del general Noriega, el Banco Nacional de Panamá ha alcanzado un nivel récord de liquidez. Esto debería haber preocupado a la administración Bush, pero ha habido pocas señales de preocupación, si es que hay alguna, por parte de la Casa Blanca.

La estructura bancaria de Panamá fue creada por Nicolás Ardito Barletta. Barletta era aceptable porque anteriormente dirigía el Marine and Midland Bank, que fue adquirido por el banco del narcotraficante, el Hong Kong and Shanghai Bank. Barletta tiene toda la experiencia necesaria para manejar grandes cantidades de dinero en efectivo de la droga. Fue cuando Noriega se enemistó con Barletta cuando la administración Bush se propuso deshacerse del general.

En el falso nombre del "libre comercio", hemos asistido a un aumento alarmante del volumen de medicamentos disponibles en Estados Unidos. La cocaína nunca ha sido tan barata como ahora y nunca ha sido tan fácil de conseguir. Uno de los más importantes promotores del "libre comercio" es la Sociedad Mont Pelerin. Es muy lamentable que tantos patriotas de derechas sigan siendo seducidos por esta organización.

No pretendo conocer las respuestas a la terrible amenaza que supone el tráfico de drogas. Lo que sí sé es que habrá que hacer algo urgente y radical, porque incluso mientras escribo este libro, poderosas fuerzas están tratando de persuadir al pueblo estadounidense de que la solución al problema de las drogas es legalizarlas. No lo creo ni por un momento. Legalizar el consumo de drogas convertirá a Estados Unidos en una nación de drogadictos, al igual que la Compañía Británica de las Indias Orientales convirtió a los chinos en una nación de adictos al opio. Al fin y al cabo, son los descendientes de la Compañía Británica de las Indias Orientales y sus socios yanquis de sangre azul quienes dirigen el espectáculo. En cuanto a la "guerra contra las drogas", nunca ocurrió. Siempre ha sido, y siempre será, una falsa guerra contra las drogas.

Panamá bajo asedio es la exposición más importante del narcotráfico que jamás haya escrito. Por desgracia, no ha recibido la atención que merece, probablemente porque el título dice poco sobre su contenido. Si necesitas convencerte de que la guerra contra las drogas de Bush fue una guerra falsa, lee el siguiente capítulo. Descubrirá que la guerra contra las drogas en Panamá es inexistente, al igual que aquí en Estados Unidos. El Departamento de Estado de EE.UU. tiene su propio servicio de inteligencia sobre drogas.

Periódicamente, publica informes elogiosos sobre los resultados de la "guerra contra las drogas". El informe del Departamento de Estado sobre Panamá es típico de la hipocresía de la administración Bush. En su informe, el Departamento de Estado indica qué naciones han sido "certificadas" en la lucha contra las drogas, y estas naciones reciben entonces fondos del gobierno estadounidense para este fin. Recientemente, Panamá ha sido "certificada" como una nación que lucha contra la droga y, por tanto, tiene derecho a una limosna de Estados Unidos. Lo cierto es que, desde la destitución forzosa del general Noriega, Panamá ha sido un refugio para los narcotraficantes y sus bancos de blanqueo de dinero. Sin embargo, el texto del Departamento de Estado afirma que

> "En los años siguientes a la acción militar que derrocó al general Noriega, Panamá se unió al esfuerzo internacional de lucha contra las drogas".

El gobierno de Endara ha tomado importantes medidas contra el blanqueo de dinero, ha realizado incautaciones de droga récord y ha firmado importantes acuerdos de control de drogas con el gobierno de Estados Unidos.

Esto es un sinsentido total, puro y duro. Este informe tan defectuoso demuestra que la guerra de Bush contra las drogas no sirve para nada, y se hace aún más evidente que es una mentira cuando se considera que durante años, No se hizo nada para detener el tráfico de drogas y el refinado de heroína sirios en el valle del Bekka en Líbano, hasta que hace unos años, tras las quejas de Israel -no relacionadas con el tráfico de drogas sino con cuestiones de seguridad- las tropas sirias abandonaron el valle del Bekka.

Capítulo 4

Panamá bajo asedio

Para comprender plenamente lo que está ocurriendo en Panamá -una región vital para la seguridad nacional y los intereses comerciales de los Estados Unidos de América- debemos volver al comercio de drogas centrado en Hong Kong. Desde que los británicos convirtieron Hong Kong en un punto de transbordo de heroína, la ciudad ha adquirido una importancia que desmiente su imagen más conocida de centro televisivo y textil.

Si Hong Kong fuera un centro comercial normal, el mercado del oro no estaría en auge. Pero las antiguas familias aristocráticas y oligárquicas de Inglaterra hicieron su fortuna transportando opio desde Bengala a China. Y el pago era siempre en oro.

Los británicos y sus viejas familias del establishment liberal del Este de Estados Unidos, y su red de venerables bufetes de abogados, bancos y casas de corretaje e inversión de propiedad familiar de Wall Street, hicieron lo mismo con Estados Unidos que con China y, en menor medida, con el mundo occidental. Cuando el "comercio" de la cocaína en Estados Unidos empezó a superar al de la heroína, Panamá se convirtió en la primera zona bancaria segura del mundo, un refugio para las enormes oleadas de dinero en efectivo que entraban.

La gente de Hollywood hizo de la cocaína una "droga recreativa" y popularizó su consumo, al igual que había alabado el whisky de contrabando durante los "locos años veinte" en los relatos de ficción sobre la moda de beber el brebaje de Bronfman que fluía desde Canadá a Estados Unidos. Los barones del licor de antaño se han convertido en los barones de la droga de hoy. No ha cambiado mucho, salvo que los mecanismos de distribución y ocultación se han vuelto mucho más sofisticados. Ya no hay ametralladoras Thompson, ni mafiosos ruidosos con ropas elegantes que nos harían sonrojar. Todo eso ha desaparecido: hoy es la imagen de la elegancia en las salas de juntas y los clubes exclusivos de Londres, Nueva York, Hong Kong, Las Vegas y los bares de Niza, Montecarlo y Acapulco. La oligarquía mantiene siempre una discreta distancia con sus servidores de la corte; intocables, serenos en sus palacios y su poder.

El protocolo sigue ahí, al igual que los asesinatos. La mafia de la cocaína sigue teniendo la costumbre de "ejecutar", es decir, de asesinar a su manera, a quienes creen que les han traicionado. La víctima es despojada de su ropa interior, tiene las manos atadas, los ojos vendados y un disparo en el lado izquierdo de la cabeza. Esta es la "marca" de los asesinos de la cocaína; una advertencia a los demás para que no intenten huir con su dinero o sus drogas, o para que no hagan negocios por su cuenta. Los listos que consiguen escapar de la bala del asesino son simplemente denunciados a las autoridades.

La mayor parte de lo que pasa por "redadas de drogas" proviene de la información que dan los grandes narcotraficantes para dejar fuera del negocio a los nuevos e independientes. La protección de alto nivel no siempre funciona cuando se roba a los "jefes", como descubrió el hijo de 25 años del general Rubén Darío Paredes, ex jefe de la Guardia Nacional de Panamá y enemigo declarado del general Manuel Noriega, que acabó en una fosa en Colombia "vestido" por los asesinos de la cocaína, con un agujero de bala en la sien izquierda.

Ni siquiera la posición de su padre puede protegerle de la ira de los jefes del cártel de la cocaína. Con el gobierno chino presionando fuertemente para obtener una mayor tajada del pastel de opio/heroína y exigiendo un mayor control del lucrativo comercio de oro y opio de Hong Kong, los controladores británicos de alto nivel comenzaron a promover a Panamá como una "alternativa" para sus operaciones bancarias. Panamá nunca sustituirá a Hong Kong; en realidad, Hong Kong controla el comercio de opio y heroína, mientras que Panamá controla el de cocaína, pero ambos se solapan en gran medida.

Los lectores deben entender de qué estoy hablando. No hablo de empresas que no cumplen las expectativas, no hablo de empresas que a veces tienen pérdidas enormes como la "simpática" General Motors por ejemplo. No, me refiero a una entidad gigantesca que siempre obtiene enormes beneficios, año tras año, y que nunca decepciona a sus "inversores".

En 2007, el comercio de drogas en el extranjero superó los 500.000 millones de dólares anuales y crece cada año. En 2005, la DEA estimó la cifra en 200.000 millones de dólares, lo que no es una mala tasa de "crecimiento" para una "inversión" relativamente pequeña. Esta enorme cantidad de dinero en efectivo queda al margen de las leyes de todos los países, ya que cruza impunemente las fronteras internacionales. ¿El comercio de la droga se realiza de forma "clandestina"?[3] ¿Viajan hombres de aspecto siniestro con maletas llenas de billetes de 100 dólares?

Lo hacen en raras ocasiones, pero el tráfico de drogas sólo puede tener lugar con la cooperación voluntaria y deliberada de los bancos internacionales y sus instituciones financieras aliadas. Es tan sencillo como eso. Si se cierran los bancos de drogas, el tráfico de éstas empezará a agotarse a medida que las fuerzas del orden se abalancen sobre los capos de la droga, que se ven obligados a utilizar métodos alternativos desesperados y, para ellos, peligrosos. En otras palabras, cierre los agujeros de las ratas y será más fácil deshacerse de los roedores. Aunque es gratificante ver, como hacemos de vez en cuando, que se producen detenciones relacionadas con las drogas y que las autoridades se incautan de grandes cantidades de droga, esto es sólo una gota de agua en comparación con el volumen total. Son el resultado de la información sobre los competidores "no registrados". Estos "éxitos" son mucho menos que la proverbial

---

[3] "Contrabando" o "Comercio clandestino", Ndt.

punta del iceberg. Y gracias a sus sistemas de inteligencia privados, que suelen ser mucho más sofisticados que los de la mayoría de los países pequeños, los grandes capos de la droga y sus banqueros suelen ir varios pasos por delante de las fuerzas del orden.

La forma de combatir con éxito la amenaza de la droga, que supone un peligro mayor para la civilización que la peste negra de la Edad Media, es a través de los vestíbulos de mármol y los vestíbulos de los bancos bellamente decorados del mundo. Abordamos el problema desde el ángulo más difícil. Intentamos atrapar a los operadores, más que a los financieros. Los bancos británicos han controlado la banca de la droga en el extranjero durante siglos, al igual que controlaban el comercio de diamantes y oro, ambos íntimamente relacionados con el comercio de heroína.

Por eso, la reina Victoria envió el ejército más poderoso del mundo en ese momento (1899) para aplastar a las dos pequeñas repúblicas bóer de Sudáfrica, simplemente para hacerse con el control de su oro y sus diamantes, que Lord Palmerston, Sir Alfred Milner y Joseph Chamberlain vieron como una excelente forma de financiar sus negocios sin poder rastrear el origen de los pagos. Sigue siendo el medio por el que se financia en gran medida el tráfico de heroína en Hong Kong. Después de todo, el oro y los diamantes son impersonales.

Esto explica por qué la reina Isabel se enfrentaba con más frecuencia a la señora Thatcher en cuestiones políticas. La Reina quería acabar con el gobierno sudafricano y su postura antidroga. La Reina quería enviar a un Sr. Furhop para que dirigiera las cosas allí como lo hace para ella en Rodesia (ahora Zimbabue). Furhop es el nombre real de su mensajero, más conocido como "Tiny" Rowland, que dirige el gigantesco conglomerado LONRHO del que es el principal accionista a través de Angus Ogilvie, su primo hermano. En cierto sentido, tanto Sudáfrica como Panamá estaban sitiados por las mismas razones.

Los sudafricanos estaban impidiendo que la aristocracia oligárquica se hiciera con su tesoro de oro y diamantes y, en el caso de Panamá, su preciado secreto bancario estaba siendo destrozado por el general Noriega. Los poderes fácticos no van a dejar que estos contratiempos les desanimen. Para dar una idea de lo que está en juego en Panamá, la DEA calcula que unos 350 millones de dólares al día cambian de manos a través de transferencias bancarias por teletipo. Esto se conoce como "dinero interbancario". Aproximadamente el 50% del dinero interbancario procede del tráfico de drogas y va a parar a las Islas Caimán, las Bahamas, Andorra, Panamá, Hong Kong y los bancos suizos que gestionan este vasto flujo de dinero. Como consecuencia del tráfico de drogas, tenemos que hacer frente a la carga de los "tipos de cambio flotantes".

Este efecto desestabilizador fue causado por el enorme volumen de dinero en efectivo, que nuestro sistema no fue diseñado para manejar; no hay manera de que los tipos de cambio fijos puedan manejar la vasta y rápida transferencia de dinero bajo paridades fijas alrededor del mundo en un día. Los "economistas" nos vendieron falsas promesas cuando aprobaron la política de "flotación" de los tipos de cambio, e inventaron todo tipo de jerga económica para ocultar la verdadera razón, ¡el enorme flujo de dinero sucio!

Con gran parte de este dinero circulando en Panamá, era necesario tener un activo en Panamá en el que se pudiera confiar para mantener el más estricto secreto bancario. La DEA calcula que sólo en Estados Unidos desaparecen 3.000 millones de dólares al año que acaban en Panamá. Los hermanos Coudert, los "abogados de la mafia" del establishment liberal del Este, se pusieron a trabajar en la persona de Sol Linowitz, un mensajero de confianza de los "olímpicos". Creó al general Omar Torrijos y lo presentó y vendió al pueblo estadounidense como un "nacionalista panameño". Su sello "made by David Rockefeller" fue cuidadosamente ocultado a la gran mayoría del pueblo estadounidense.

Gracias a la traición de los servidores vendidos del CFR en el Senado, hombres como Dennis De Concini y Richard Lugar, Panamá pasó a manos del general Torrijos con un coste millonario para el contribuyente estadounidense. Pero Torrijos, como tantos otros mortales, pronto olvidó quién era su "creador", y los dioses del Olimpo se vieron obligados a retirarlo de la escena. Torrijos fue debidamente asesinado en agosto de 1981. Al parecer, murió en un accidente de avión, algo muy parecido al tipo de "accidente" que sufrió el hijo de Aristóteles Onassis.

Lo que ocurrió fue que una persona o personas desconocidas cambiaron la mecánica de los flaps de las alas para que, al bajarlos para el aterrizaje, hicieran volar el avión hacia arriba. Torrijos fue seleccionado originalmente por Kissinger, como estamos acostumbrados. Cuando empezó a tomarse en serio su papel de "nacionalista" panameño en lugar de la marioneta que le habían asignado, tuvo que marcharse. Kissinger consiguió que le nombraran para dirigir el Comité Bipartidista del Presidente sobre América Central, otra de las promesas incumplidas de Reagan. Esto reforzó su control sobre Panamá, o eso creía.

Hay que mirar a Panamá con los ojos del caballo de Troya, es decir, hay que mirar a Centroamérica tal y como la veía el plan Andes de Kissinger, un coto de caza para miles de tropas estadounidenses. Las órdenes de Kissinger eran iniciar otra "guerra de Vietnam" en la región. Panamá era el centro del plan. Pero Torrijos tenía otras ideas. Quiso unirse al grupo Contadora, que pretendía aportar estabilidad y soluciones a la pobreza de la región mediante un verdadero progreso industrial. Ahora bien, no estoy comprometido con las Contadoras; hay muchos aspectos en los que difiero de ellas. Pero no se puede negar que las Contadoras, en general, están comprometidas con la lucha contra la economía de la droga planeada para Centroamérica a semejanza de la economía de la ganja en Jamaica.

Esta idea del "libre comercio" es apoyada por miembros de la Sociedad Mont Pelerin, entre ellos el venezolano Cisneros y la Fundación veneciana Cini. Por esta razón y por amenazar con denunciar el sistema bancario de los Rockefeller en Panamá, Torrijos fue "inmovilizado permanentemente", lo que significa "asesinado" en la jerga de los servicios secretos.

Como he dicho antes, no estamos hablando de traficantes de

droga de poca monta o de traficantes callejeros, que a Hollywood le gusta presentar como el comercio de la droga. Estamos hablando de grandes bancos e instituciones financieras; estamos hablando de gente en las altas esferas; estamos hablando de naciones que apoyan y albergan a señores de la droga, países como Cuba; y estamos hablando de una organización tan fuerte y poderosa que ha puesto de rodillas a todo un país, la República de Colombia.

Escribiré sobre la complicidad del Departamento de Estado de Estados Unidos en la obstrucción de la guerra contra las drogas. Escribiré sobre la increíblemente estúpida respuesta de Nancy Reagan de "Sólo di no" a esta amenaza. En comparación con lo que ocurre hoy, el volumen de heroína que circulaba por la French Connection era una minucia. Sin embargo, nunca debemos perder de vista que el ex presidente Richard Nixon fue el único presidente que abordó con firmeza la amenaza de las drogas en Estados Unidos. Por su insolencia a la hora de abordar el tráfico de drogas desde arriba, fue destituido, deshonrado, ridiculizado y humillado por la estafa del Watergate, como lección y advertencia para los que siguieran su ejemplo. En comparación, la "guerra contra las drogas" del presidente Reagan fue un mero movimiento de muñeca. El "Círculo de iniciados", que fundó el Real Instituto de Asuntos Internacionales, no ha cambiado de dirección. No está de más repetir que el tráfico de drogas está firmemente controlado por los descendientes y familias mestizas que forman parte de esta sociedad secreta interna, cuyo linaje se remonta a los lores Alfred Milner, Gray, Balfour, Palmerston, Rothschild y otros de la cúspide de la pirámide social estadounidense.

Sus bancos y los de EE.UU. no son de poca monta. De hecho, los bancos pequeños han sido o están siendo eliminados con la ayuda, voluntaria o no, del Departamento del Tesoro de Estados Unidos. Esto es particularmente evidente en Florida, donde, a partir de 1977, grandes bancos como el Standard and Chartered Bank, el Hapolum Bank, bien conocidos por su participación en el blanqueo de dinero sucio procedente de la droga, se trasladaron a Florida, donde está la "acción". Los "grandes" comenzaron entonces a denunciar a los pequeños bancos utilizados por los pequeños traficantes de cocaína independientes. Recuerde que los monopolios de la droga tienen su propia red de inteligencia muy eficaz. El Tesoro persiguió a los bancos pequeños, pero dejó tranquilos a los grandes. Cuando se pilla a los grandes bancos, lo que ha ocurrido unas cuantas veces, se les trata con la mayor indulgencia.

Los casos del Credit Suisse de Ginebra y del First Bank of Boston son un buen ejemplo de ello. El banco más venerable de Boston fue sorprendido blanqueando dinero del narcotráfico en colaboración con Credit Suisse. Se han presentado unas 1.200 acusaciones distintas contra First National. El Departamento de Justicia unificó los cargos en uno solo, y el banco recibió un pequeño tirón de orejas con una multa de sólo 500 dólares. Credit Suisse no fue perseguido por el Departamento de Justicia ni por el Tesoro. Credit Suisse sigue siendo uno de los mayores y más eficaces bancos de blanqueo de dinero después de American Express, los "intocables" del mundo bancario.

Otros grandes bancos implicados en el lucrativo negocio del dinero sucio de la droga fueron el National Westminster, el Barclays, el Midlands Bank y el Royal Bank of Canada. El Royal Bank of Canada y el National Westminster Bank fueron los principales banqueros de la droga en las islas del Caribe, como parte de la tan cacareada "Iniciativa de la Cuenca del Caribe" de David Rockefeller. A través del FMI, Kissinger ordenó a Jamaica el cultivo de ganja (marihuana) de "libre empresa", que ahora representa la mayor parte de los ingresos de divisas de Jamaica. Lo mismo ocurrió en Guyana, razón por la que Jim Jones se trasladó allí, salvo que Jones desconocía el verdadero propósito de sus manipuladores. En un experimento masivo de lavado de cerebro tipo Vacaville, Jones nunca logró su objetivo. Murió con total desconocimiento de quién manejaba sus hilos.

Jamaica es sólo uno de los países que viven del dinero de la droga. Cuando era jefe de Jamaica, Edward Seaga declaró descaradamente a los periódicos estadounidenses, incluido el *Washington Post*, que, se acepte o no, "la industria, como tal, está aquí para quedarse". Sencillamente, no se puede erradicar. No tengo nada en contra de la frase "aquí para quedarse". Utilizando la "música" del rock and roll como vehículo para la difusión de las "drogas recreativas" y protegido a los más altos niveles, el tráfico de drogas parece efectivamente destinado a permanecer.

Esto no quiere decir que no se pueda eliminar. Los primeros pasos de un programa de erradicación serían, en mi opinión, atacar a sus principales bancos y aprobar una ley que convierta la venta de música rock and roll en todas sus formas -casetes, discos, etc. y la promoción de conciertos de rock- en un delito castigado con fuertes penas de prisión.

Una de las consecuencias de la "guerra de la picadora de carne" entre Irán e Irak ha sido el aumento de la venta de heroína de la que se obtiene la morfina de diacetilo. La mayor parte de los ingresos de este comercio fueron a parar a bancos panameños, el "solapamiento" con Hong Kong que he mencionado antes.

En Irán hay oficialmente 2,6 millones de adictos a la heroína, de los cuales 1,5 millones están en el ejército, donde los soldados adictos pueden obtenerla bajo demanda. Se recordará que la oligarquía británica intentó la misma operación durante la Guerra entre los Estados, la Guerra Civil, pero no tuvo éxito. El dinero de la heroína no sólo alimentó la Guerra del Golfo, sino también los atuendos de los "luchadores por la libertad", término utilizado por George Shultz para describir a los asesinos del Congreso Nacional Africano (CNA), los separatistas vascos (ETA), el Ejército Republicano Irlandés (IRA), el movimiento separatista sij, los kurdos, etc. Los fondos procedentes de la venta de opio y cocaína se canalizan hacia estas organizaciones terroristas a través del Consejo Mundial de Iglesias.

De lo anterior se desprende por qué Panamá es tan importante para las fuerzas supranacionales del mundo único. El sistema bancario panameño fue creado por David Rockefeller para ser un cómodo depósito bancario del dinero del narcotráfico. Panamá fue designada como centro bancario de la cocaína, mientras que Hong Kong siguió siendo el centro de la heroína y el opio. El sistema bancario panameño fue reestructurado según el plan de

Rockefeller por Nicholas Ardito Barletta, ex director del Banco Mundial, y director del Marine Midland Bank, que fue adquirido por el rey de los bancos de la droga, el Hong Kong and Shanghai Bank, Barletta fue aceptado por su imagen "respetable" y su experiencia en el manejo de grandes cantidades de dinero de la droga. En 1982, el Departamento del Tesoro estimó que el Banco Nacional de Panamá había aumentado sus flujos de dólares en casi un 500% entre 1980 y 1984. Sólo en ese período de cuatro años fluyeron unos 6.000 millones de dólares en dinero no declarado desde Estados Unidos a Panamá.

El ex presidente peruano Alan García, que libró una guerra sin cuartel contra los capos de la droga, se dirigió a las Naciones Unidas el 23 de septiembre de 1998 para hablar de este tema y enumerar los éxitos y victorias de Perú en la guerra contra la droga. Continuó diciendo:

> Así que podríamos preguntarle a la administración estadounidense, si lo hemos hecho en cincuenta días, qué está haciendo por los derechos humanos del individuo que se está derrumbando en Grand Central Station y en tantos otros lugares, y cuándo va a luchar legal y cristianamente para erradicar el consumo.

La respuesta de la Sra. Nancy Reagan fue "Sólo di no", pero eso no es una respuesta a la acusación implícita del Presidente García de que Estados Unidos está haciendo mucho menos de lo que puede para erradicar el flagelo de las drogas. Sin embargo, muchos de los llamados "economistas" siguen pidiendo la legalización de este vil comercio en nombre del "libre comercio".

Entre ellos se encuentra Diego Cisneros, que es miembro de la Sociedad Mont Pelerin, una organización llamada conservadora que promueve la teoría del "libre comercio". Tras el asesinato de Omar Torrijos en agosto de 1961 (fue asesinado porque decidió ignorar las órdenes de Henry Kissinger y mostró fuertes indicios de ir por libre), el general Rueben Paredes tomó el control de Panamá. Pero en febrero de 1981 se equivocó al amenazar con expulsar al embajador estadounidense de Panamá por interferir en los asuntos internos del país. Kissinger entregó un mensaje a

Paredes.

En un sorprendente "giro", el general Paredes comenzó a apoyar repentinamente el plan andino de Kissinger para convertir a Centroamérica en otro Vietnam para los militares estadounidenses, abandonando su apoyo a las políticas de Contadora. Aunque tenía muchos defectos, el Grupo de Contadora era fundamentalmente consciente del "caballo de Troya" de Kissinger en Centroamérica, y trabajó para evitar que se desarrollara un conflicto similar al de Vietnam en la región. Henry Kissinger y el Departamento de Estado de EE.UU. habían promovido previamente a Paredes como un "nacionalista panameño, un acérrimo amigo anticomunista de Estados Unidos".

Durante una visita patrocinada por Kissinger a Washington D.C., Paredes fue escoltado por el propio Kissinger. Seis meses después del asesinato de Torrijos, el general Paredes tomó el mando de la Guardia Nacional. A partir de entonces, Paredes elogió abiertamente a los terroristas colombianos de las FARC y saboteó los esfuerzos de Contadora por lograr una solución pacífica a los problemas de la región. También se ha esforzado por cultivar la amistad de Anulfo Arias, a quien el *Washington Post*, el *New York Times* y, sorprendentemente, el senador Jesse Helms, han presentado como el legítimo heredero de la dirección de Panamá, cuyo cargo fue supuestamente usurpado por el general Noriega. ¡Curiosamente, durante las audiencias del Tratado del Canal de Panamá, los chacales de los medios de comunicación no dijeron nada sobre la usurpación de Torrijos de la posición "legítima" de Anulfo Arias! Hubo un montón de tonterías sobre que Arias era un "nazi" y, por tanto, indigno de dirigir Panamá. Este tipo de propaganda antialemana no merece comentarios.

A pesar de la despiadada ejecución de su hijo de 25 años y de otros dos "socios comerciales" panameños a manos de asesinos que trabajaban para los clanes Ochoa y Escobar, al estilo de la mafia de la cocaína, Paredes siguió siendo leal a los señores de la droga y a su red bancaria. La pérdida del apoyo panameño fue un golpe para las aspiraciones de las Contadoras. Significaba que Panamá seguiría siendo un centro "ampliamente abierto" para la financiación de la venta de armas a la región, incluidas las suministradas por Israel en virtud de un acuerdo entre los dirigentes locales y el difunto Ariel Sharon, antiguo socio comercial de Kissinger.

Además de las amenazas por las que es conocido Kissinger, el FMI desempeñó un papel en el chantaje a Paredes. Mis fuentes me dicen que Kissinger hizo saber que el acuerdo stand-by del FMI para reestructurar la deuda de 320 millones de dólares de Panamá podría no ser válido si Paredes se peleaba con su amo. Paredes "entendió el mensaje". El FMI inició inmediatamente una lucha con el general Noriega, quien dijo al pueblo panameño en un discurso televisado el 22 de marzo de 1986 que el FMI estaba estrangulando a Panamá.

Lamentablemente, el presidente Eric Delville apoyó las medidas de austeridad del FMI, destinadas a debilitar el apoyo sindical a Noriega. La federación sindical CONATO comenzó entonces a amenazar con romper con el general Noriega si no se ignoraban los dictados del FMI.

El General Manuel Noriega, cuando aún era Coronel Noriega, fue el jefe de la oficina antinarcóticos de Panamá y luchó durante diez años para mantener a la Guardia Nacional de Panamá libre de la corrupción que sigue al dinero del narcotráfico tan seguramente como el día sigue a la noche. Con las familias Ochoa y Escobar prácticamente en control de Panamá, no era una tarea fácil. La guerra contra la droga de Noriega es confirmada por John C. Lawn, jefe de la Agencia Antidroga (DEA). Lawn no era conocido por pronunciar discursos floridos ni por escribir cartas de felicitación. Su carta al general Noriega es, por tanto, aún más notable por su desinteresado elogio.

A continuación se presenta un extracto de la carta, que es representativo de la forma y el estilo en que está escrita:

> *Quisiera aprovechar esta oportunidad para reiterar mi profundo agradecimiento por la enérgica política contra el narcotráfico que ha adoptado, que se refleja en las numerosas*

expulsiones de Panamá de traficantes acusados, las grandes incautaciones de cocaína y precursores químicos que han tenido lugar en Panamá y la erradicación del cultivo de marihuana en territorio panameño.

Ni el *Washington Post* ni el *New York Times* tuvieron a bien reimprimir este elogio de un periódico de Perú. Volveré a tratar el tema de la DEA y de John C. Lawn más adelante, debido a su importancia central.

Lo único que hizo el *Washington* Post para contrarrestar este buen testimonio fue publicar las falsedades de su supuesto "experto en inteligencia", Seymour Hersh, que escribió un artículo en el que afirmaba que el general Noriega era un "agente doble" de la CIA, que le proporcionaba información que recibía de Cuba. Esta es una táctica bien conocida de los verdaderos especialistas en inteligencia. El objetivo de estas "revelaciones" sería incitar a los asesinos de los servicios secretos cubanos de la DGI a asesinar al general Noriega con el pretexto de que había "doblado a Cuba". Esto desviaría la atención de la banda de Kissinger-banqueros si el intento de asesinato tuviera éxito. La información y los relatos de Hersh a menudo no eran muy precisos y la "revelación" de Noriega debe verse como lo que era: un posible montaje para un intento de asesinato del general Noriega.

Noriega se defendió con todos los escasos recursos de que disponía. Pero hay que tener en cuenta que toda acción contra el narcotráfico es peligrosa.

Panamá es un ejemplo del tipo de contrapartida que es capaz de montar un enemigo poderoso. En el Caribe y Panamá, las fuerzas antidroga se enfrentaron a un consorcio formado por el bufete de abogados Coudert Brothers en la persona de Sol Linowitz. Otros miembros del consorcio eran Fidel Castro, David Rockefeller, Henry Kissinger y el Fondo Monetario Internacional (FMI), así como varios bancos importantes y el Departamento de Estado estadounidense. El plan de Kissinger para los Andes se vio frustrado por el general Noriega y fue criticado por su postura antidroga. El resultado del asunto de Panamá era previsible. La

Iniciativa de Rockefeller para la Cuenca del Caribe equivalía a entregar un imperio de la droga valorado en al menos 35.000 millones de dólares anuales a Fidel Castro, que no tenía intención de renunciar a él sin luchar.

En Colombia, David Rockefeller y Kissinger crearon un "Estado dentro del Estado", donde Carlos Lederer -hasta su detención- era un capo de los clanes Ochoa y Escobar que gobernaban prácticamente todo el país. En el centro de Bogotá, la mitad de los magistrados de la ciudad fueron ejecutados por la guerrilla privada de narcotraficantes MI9, también conocida como las FARC.

El asalto fue un acto de pura anarquía que dejó a Colombia en un estado de miedo adormecido. ¿Qué había detrás de esta actividad frenética, que era realmente una revolución? Era simplemente dinero, olas y olas de él, fluyendo hacia los paraísos fiscales en el Caribe y Panamá. La DEA calcula que sólo Colombia acumuló 39.000 millones de dólares en efectivo entre 1980 y 2006. La DEA y el Tesoro creían que Panamá se había convertido en la capital bancaria del mundo de la cocaína, y no tengo nada que objetar a esa valoración. En 1982, el Departamento del Tesoro informó de que el Banco Nacional de Panamá se había convertido en la principal cámara de compensación de dólares del narcotráfico, multiplicando por seis su flujo de efectivo entre 1980 y 1988.

Panamá, hasta la llegada al poder del general Noriega, era también el lugar de encuentro preferido de los capos del narcotráfico. López Michelson, que ofreció pagar la deuda externa de Colombia con los ingresos de la cocaína si el gobierno colombiano "legalizaba" la posición de las familias de la droga, operaba con bastante libertad desde Panamá, donde se reunía a menudo con Jorge Ochoa y Pablo Escobar. Se sabe que estos destacados miembros del cártel de la droga colombiano hicieron un trato con Rodrigo Botera Montoya, ministro de Hacienda de Colombia de 1974 a 1976, quien estableció una "ventanilla abierta" en el Banco Central, donde los dólares de la droga podían cambiarse libre y abiertamente sin problemas con las autoridades. Esta "ventana" nunca se ha cerrado. Es más conocido por su nombre coloquial de "ventanilla siniestra". Fue a través de esta "ventana" que Fidel Castro recibió enormes cantidades de dólares estadounidenses.

¿Estaban las autoridades estadounidenses al tanto de las actividades de Botera? Por supuesto que sí. Botera fue miembro del prestigioso Instituto Aspen, de la Fundación Ford y ex copresidente del Diálogo Interamericano. Era bien conocido por el suave Elliott Richardson, que es más recordado por perseguir y traicionar al presidente Richard Nixon a raíz del escándalo Watergate. Lo que es menos conocido es que Elliott Richardson, un brahmán de Boston eminentemente respetable, fue el abogado del difunto Cyrus Hashemi. Hashemi fue el número uno en el acuerdo de armas entre Carter y Khomeini en 1979.

Richardson era el representante oficial y asesor jurídico del gobierno marxista de Angola. También estuvo muy implicado en el escandaloso encubrimiento de las misteriosas muertes de nueve pacientes mentales en el siniestro centro de Bridgeport, que no ha sido investigado hasta la fecha. Los vínculos de Richardson con el tráfico de drogas pueden verse a través del lobby pro-narcóticos, el Instituto para la Libertad y la Democracia, que ayudó a fundar en Lima, Perú, en 1961.

Dado el gran número de nombres que aparecen en el desarrollo de la tragedia de Panamá, parece oportuno enumerar los principales actores e instituciones implicados, especialmente los enemigos de Noriega, que eran numerosos y poderosos, como muestra la siguiente lista:

Alvin Weeden Gamboa

Este abogado panameño, mensajero de los narcos, formó el Partido de Acción Popular (PAPO), un partido de oposición que defiende los derechos humanos, con otros dos enemigos de Noriega, Winston Robles y Roberto Eisenmann. Todos ellos se oponían firmemente a la Fuerza de Defensa de Panamá y recibían regularmente generosos elogios de la prensa estadounidense y del Departamento de Estado como miembros de un "gobierno democrático alternativo" de Panamá.

César Tribaldos

Ha estado muy implicado en el blanqueo de dinero para los barones de la cocaína colombianos. Es y fue coordinador del movimiento Cruzada Cívica con Roberto Eisenmann, dueño del diario *La Prensa* y miembro del PAPO. También formó parte del consejo de administración del Banco Continental.

Ricardo Tribaldos

Se le acusó de intentar importar a Panamá enormes cantidades del precursor químico éter etílico (acetona), el principal producto químico utilizado para refinar la cocaína. Ricardo había creado la operación en 1984 en previsión de que los colombianos Ochoa y Escobar abrieran un importante laboratorio de procesamiento de cocaína en Panamá.

Roberto Eisenmann

Roberto Eisenmann era el propietario del periódico *La Prensa* y, en ese momento, un poderoso activo del Departamento de Estado de Estados Unidos. Ocupó un lugar destacado en la propuesta de gobierno "democrático alternativo" para Panamá. Eisenmann odia a Noriega por haber desmantelado una de las principales operaciones de Jorge Génova y haber cerrado el First Interamerica Bank, que violó las leyes bancarias panameñas en 1985. Esto deja a Eisenmann y a sus colegas perplejos.

Nadie esperaba que se tomaran medidas serias contra la comunidad internacional que controla el 80% de la economía de Panamá y que ha establecido una "Suiza en Panamá" tras los cambios realizados por Nicholas Barletta. Por ello, esta élite de narcotraficantes y banqueros se quedó atónita cuando Noriega proporcionó esta información a la DEA, lo que llevó a la detención del gran barón de la cocaína Jorge Ochoa en España. La clase dirigente panameña se vio sacudida por estos acontecimientos.

Eisenmann se convirtió en un crítico vehemente de Noriega, acusándolo de destruir la economía de Panamá, e incluso acusándolo de estar involucrado en el tráfico de cocaína, cuando en realidad era Eisenmann quien trabajaba estrechamente con los barones colombianos de la cocaína. Eisenmann formaba parte de un grupo de narcotraficantes, banqueros, abogados y editores de periódicos cuya retórica a favor de la democracia estaba diseñada para cubrir sus huellas, que, de haber salido a la luz la verdad, les habría llevado directamente a blanquear el dinero sucio de la cocaína. Eisenmann, que dirigió el ataque a Noriega durante 12 años, fue la primera opción del Departamento de Estado de EE.UU. para dirigir el gobierno que pretendía poner en el poder una vez que Noriega fuera derrocado. Algunos lectores pueden ver esta información con escepticismo, pero estoy seguro de que mi información resistirá cualquier prueba porque está respaldada por hechos sólidos. En 1964, Eisenmann fue desenmascarado como el hombre que estaba detrás de la compra del Dadeland Bank de Miami, a través del cual el sindicato de los Fernández blanqueaba su cocaína y marihuana, prueba suficiente para que los bancos pudieran ser investigados con razón por la DEA. Pero eso no ocurrió.

El sindicato de Fernández, acusado en 1984, almacenaba grandes cantidades de dinero en efectivo procedente del tráfico de drogas en bóvedas alquiladas al banco antes de transferirlo a Panamá, y los registros judiciales muestran que el sindicato poseía la mayoría del total de las acciones emitidas en el Dadeland Bank de Eisenmann. Sin embargo, fueron Weeden, Eisenmann y Fernández quienes acusaron específicamente a Noriega de traficar con capos de la droga. Tras la publicidad, el sindicato de Fernández transfirió su dinero sucio del Dadeland Bank al Banco de Iberoamérica, nombrado en la acusación como uno de los 15 bancos panameños que utilizó. Eisenmann juró posteriormente que no tenía ni idea de que su banco Dadeland se utilizaba para blanquear dinero de la droga.

Carlos Rodríguez Milian

Este notable correo de Lederer, Escobar y los hermanos Ochoa, cobraba un sueldo de 2 millones de dólares al mes hasta que fue detenido por agentes de la DEA, tras un chivatazo de su némesis, el general Noriega. Su trabajo consistía en supervisar y entregar enormes cantidades de dinero en efectivo procedente de la droga al Bank of America, al First Boston y al Citicorp, entre otros, con fines de blanqueo.

En la audiencia de la Subcomisión de Estupefacientes del Comité de Relaciones Exteriores del Senado, celebrada el 11 de febrero de 1988, los procedimientos estaban destinados a manchar y ensuciar el nombre del general Noriega. Milian fue sacado de la cárcel, donde cumple una condena de 43 años por actividades comerciales relacionadas con el narcotráfico, para testificar contra el general Noriega. Pero interrumpió el proceso y asustó a los miembros de la comisión al revelar que había entregado enormes cantidades de dólares de la droga a varios bancos estadounidenses. Sus inesperadas y no solicitadas revelaciones bajo juramento fueron completamente tapadas por los chacales de los medios de comunicación estadounidenses.

Teniente Coronel Julian Melo Borbua

Dado de baja deshonrosa de la Guardia Nacional de Panamá en 1964, Borbua se convirtió en uno de los testigos estrella contra Noriega. Cuando aún estaba en la Guardia Nacional, conoció a los hermanos Ochoa en Colombia, que le dieron el trabajo y le pagaron 5 millones para que abriera un laboratorio de cocaína en Darién, en la selva panameña; para que obtuviera instalaciones de almacenamiento y tránsito seguras y alojamientos seguros para las armas destinadas a la venta, en su mayoría de origen israelí, y para que estableciera acuerdos con varios bancos para facilitar el flujo de dinero de estas transacciones ilegales. Los compatriotas involucrados en este proyecto eran Ricardo Tribaldos, el hombre que fue acusado de intentar importar éter etílico a Panamá, y un tal Gabriel Méndez.

Tribaldos y Méndez supieron que estaban huyendo cuando los hombres de Noriega comenzaron a destruir grandes cargamentos de ácido etílico y localizaron y demolieron un gran laboratorio de cocaína. Bajo la dirección de personas no reveladas, Tribaldos, Méndez y Borbua planearon una fuga masiva de capitales de Panamá.

El plan preveía un ataque y una campaña de desprestigio contra el ejército y, si era posible, el asesinato de Noriega. Pero antes de que pudiera llevarse a cabo, la Fuerza de Defensa de Panamá (PDF) descubrió la trama y detuvo al trío. Méndez y Tribaldos son acusados de tráfico de drogas y encarcelados, pero son liberados por un tribunal panameño en circunstancias sospechosas. Borbua fue despedido de la PDF con honores. Todos ellos se convirtieron en miembros activos del frente de la Cruzada Cívica, creado para derrocar al general Noriega.

Cruzada cívica

Este frente de Eisenmann y sus asociados estaba destinado únicamente a ser utilizado contra el general Noriega. Sus patrocinadores fueron Eisenmann, Barletta, Tribaldos, Castillo y Blandón, Elliott Richardson, Norman Bailey y Sol Linowitz. La Cruzada Cívica se estableció en Washington D.C. en junio de 1987, y Lewis Galindo, autoproclamado "representante internacional de la oposición de Panamá a Noriega", fue contratado para dirigirla.

Galindo tiene credenciales impecables con la facción Shultz del Departamento de Estado y el establishment liberal de la Costa Este a través de la Comisión Trilateral y Sol Linowitz, uno de los servidores de mayor confianza del olímpico y socio del prestigioso bufete de abogados Coudert Brothers. Este es el mismo bufete que iba a traicionar a los Estados Unidos cediendo territorio soberano estadounidense a Panamá, lo que está prohibido por la Constitución estadounidense. Galindo también tenía credenciales impecables con el ex presidente colombiano Alfonso López Michelson, ampliamente considerado por los agentes de inteligencia de drogas como el hombre que supervisó el comercio de cocaína y marihuana en Colombia durante su mandato de 1974 a 1978.

Los hermanos Robles

Iván Robles y su hermano Winston son abogados de referencia en Panamá. Deben su notoriedad a los jefes del tráfico de cocaína y a sus banqueros. Winston Robles es coeditor de La Prensa, de

Roberto Eisenmann, que tiene probados vínculos con el banco Fernández-Dadeland. El directorio jurídico internacional da el título correcto del bufete: Martindale-Hubbell, Robles y Robles. Eisenmann de La Prensa, también propietario probado de un tercio del Dadeland Bank, con sus desagradables conexiones pasadas con el sindicato de Fernández, fue favorecido por el ex secretario de Estado George Shultz y el Departamento de Estado para sustituir al general Noriega.

Estas "negociaciones" se derivaron de los cargos totalmente falsos de tráfico de drogas presentados contra Noriega por un gran jurado de Miami, Florida, el 5 de febrero de 1988. Esta acusación subraya una vez más la urgente necesidad de que el pueblo estadounidense se deshaga del arcaico y feudal apéndice "Gran Jurado" de nuestro sistema legal. La última información sobre las "negociaciones" es la declaración de George Shultz:

Hemos mantenido muchas conversaciones con él (Noriega), pero todavía no hemos llegado a un acuerdo para que se retiren los cargos contra Noriega si se retira voluntariamente.

Almirante John Poindexter

Las falsas acusaciones contra Noriega surgieron de la fallida misión de Poindexter para obligar al general a abandonar su cargo. La misión de Poindexter en nombre de Shultz estaba en consonancia con el brutal mensaje del presidente Reagan para deshacerse del presidente Marcos, pronunciado por el senador Paul Laxalt, que interpretó el papel de Judas mucho mejor que Poindexter. La misión de Poindexter desencadenó la actual guerra emprendida por los capos de la droga, los banqueros, los abogados y sus aliados estadounidenses para librar a Panamá de la amenaza que supone para su existencia la enérgica aplicación de las leyes anticocaína y las políticas bancarias dirigidas por el general Noriega y el PDF. En la entrevista televisiva de Mike Wallace, Noriega dejó claro que Poindexter había llegado como un matón exigiendo que Panamá se plegara a las exigencias colonialistas de los olímpicos (El Comité de los 300).

No me opuse a la invasión de Nicaragua por parte de las fuerzas militares estadounidenses, pero otra guerra como la de Vietnam sólo le haría el juego al gobierno de un solo mundo y a los traidores dentro de nuestras fronteras. Poindexter recibió el apoyo de los medios de comunicación estadounidenses, que llegaron a abogar por la eliminación de Noriega por la fuerza. Tras responder a las amenazas de Poindexter con un firme rechazo, Noriega supo que la suerte estaba echada. Por lo tanto, trató de aliarse con los peronistas y ganar su apoyo. En una reunión con dirigentes peronistas en Mar del Plata, Argentina, Noriega y su delegación de oficiales de nivel medio recibieron las garantías que esperaban. Pero pronto se tomaron contramedidas para asustar a los argentinos. Las tropas británicas realizaron "ejercicios" en las Islas Malvinas para mostrar lo que sucedería si Argentina interviniera en los asuntos de Panamá, y el general John Calvin, jefe del Comando Sur del Ejército de Estados Unidos, se reunió con el ministro de Defensa argentino, Horacio Juanarena. Al parecer, la reunión versó sobre las amenazas británicas y las crecientes tensiones entre ambos países por las Malvinas.

El general Galvin lanzó una severa advertencia a Juanarena para que no se involucrara en Panamá. La misión de Galvin en Buenos Aires podría compararse, con razón, a la misión del general Hauser en Teherán en la época en que el ex presidente Jimmy Carter traicionaba al Sha de Irán.

La operación antidroga de la DEA, que siguió a una investigación de tres años con el nombre en clave de "Operación Pez", demostró que los señores de la droga y sus partidarios se beneficiaban de enormes beneficios. Hasta 1985, nadie se había preocupado seriamente por ellos. Pero en 1985, cuando antes parecía vagamente posible que unas leyes poco utilizadas se convirtieran en un problema al que hacer frente mediante la intimidación, el soborno y la corrupción, Noriega demostró ahora que no se le podía amenazar ni comprar, y que iba en serio.

La "Operación Pez" dio como resultado el cierre de 54 cuentas en 18 bancos panameños y la incautación de 10 millones de dólares y grandes cantidades de cocaína. Más tarde se estableció que los bancos habían sido avisados por algunos miembros de la

PDF y pudieron mover grandes cantidades de dinero en efectivo antes de ser asaltados. A esto le siguió la congelación de otras 85 cuentas en bancos cuyos depósitos estaban supuestamente manchados de sangre y cocaína, acción llevada a cabo por la Fuerza de Defensa de Panamá (PDF). Cincuenta y ocho grandes "corredores" colombianos, estadounidenses y algunos cubano-estadounidenses fueron detenidos y acusados de tráfico de drogas. La "Operación Pez" fue posible gracias a la aprobación de la Ley 23 panameña, que anunciaba lo que los narcotraficantes podían esperar en el futuro. La Prensa se queja amargamente de que la Fuerza de Defensa de Panamá está llevando a cabo una campaña publicitaria antidroga en nombre del gobierno estadounidense, una campaña que "devastará el centro bancario panameño".

José Blandón

Es el caso de José Blandón, al que el consorcio pro-droga le ha dado un giro de 180 grados. ¿Cuál es el papel asignado a Blandon en la guerra contra las fuerzas anticocaína?

Fue contratado para obtener el llamado "apoyo internacional" para la facción Elliott Richardson-Sol Linowitz que intentaba derrocar al general Noriega. Al hacerlo, Blandon demostró ser un mentiroso hipócrita y sin escrúpulos. Blandon sirvió a la Internacional Socialista de Willie Brandt (también conocida en algunos círculos como la Asociación). Antes de ocupar su puesto como principal acusador de Noriega, Blandón, que era cónsul general de Nueva York en Panamá, acudió a la televisión panameña el 11 de agosto de 1987 para apoyar a Noriega. Atacó con vehemencia a las fuerzas que se oponían al general Noriega, caracterizando la hostilidad como una campaña dirigida esencialmente a la liquidación de José Blandón.

Veamos más de cerca al portavoz del Departamento de Estado para "Panamá". Poco después de su aparición en televisión en apoyo de Noriega, de hecho menos de un mes después, Blandon fue agarrado por el establishment liberal oriental en las personas de Shultz, Kissinger y Elliot Abrams y se le dijo que dejara de apoyar al caballo equivocado. Según los informes de inteligencia,

Blandón no tenía ni idea de lo que le deparaba el futuro a Noriega. Se le dijo rotundamente que "se uniera al equipo ganador" o se le dejara de lado cuando se pusiera en marcha el "nuevo gobierno". Blandón, siempre un individuo egoísta, no perdió tiempo en cambiar de rumbo y subirse al carro de "atrapar a Noriega". Poco después de cambiar de bando, Blandón anunció que estaba "reuniendo el apoyo de la comunidad internacional contra el general Noriega".

Por lo tanto, fue destituido sumariamente de sus funciones consulares. Ningún gobierno puede permitirse que sus funcionarios conspiren con "fuerzas extranjeras que abogan por su derrocamiento". Blandon recibió inmediatamente el apoyo del Departamento de Estado y de los medios de comunicación estadounidenses. Fue presentado por el Dr. Norman Bailey como un respetable funcionario panameño de alto rango que tenía una información realmente sorprendente que impartir sobre el supuesto "tráfico de drogas" de Noriega. No puedo estar totalmente seguro de que Blandon no recibiera inmediatamente apoyo financiero de Bailey, de la Cruzada Cívica y de Sol Linowitz, pero Washington dijo que había recibido alguna información que tendería a confirmar que Blandon era un mercenario a sueldo de Linowitz, Norman Bailey y la Cruzada Cívica. El abogado de Miami Ray Takiff, que representó al general Noriega en Estados Unidos, dijo simplemente que Blandón era un mentiroso a sueldo del gobierno estadounidense.

Uno de los controladores de Blandon era William G. Walker, Subsecretario de Estado para Asuntos Internacionales, que posteriormente desempeñó un papel sucio en la caída del gobierno serbio. Según los informes que recibí, fue Walker quien entrenó a Blandón en su testimonio ante el Subcomité de Relaciones Exteriores del Senado sobre Terrorismo, Narcóticos y Operaciones Internacionales, un subcomité anti-Noriega. Walker desempeñó entonces un papel clave en la destrucción del líder serbio Milosevic, lo que provocó la caída del país y la toma del poder por un gobierno musulmán en Albania.

Blandon era famoso por sus cambios de humor de un tema a otro, por no hablar de cambiar de caballo por el camino. Walker quería asegurarse de que Blandon no se desviara hacia áreas que pudieran dar lugar a complicaciones, mientras declaraba ante la comisión "a cara descubierta", a la manera de la vergonzosa presentación de Rodríguez Milian sobre los principales bancos estadounidenses. Lewis Galindo, de la Cruzada Cívica, a quien conocemos, fue otro de los "entrenadores" de Blandón, junto con Walker y el doctor Norman Bailey. Galindo dedicó mucho tiempo a decirle a Blandón que se ciñera a lo básico cuando declaró ante la subcomisión del Senado ansiosa por "atrapar a Noriega".

La comisión debe estar familiarizada con la afición de Blandon a distorsionar los "hechos", del mismo modo que debe estar al tanto de sus más bien dudosos "contactos internacionales de alto nivel". Sin embargo, la subcomisión del Senado presentó a Blandón como su testigo estrella contra Noriega la mayor parte del tiempo durante las sesiones del 8 al 11 de febrero. Esto debería perturbar profundamente a todos los patriotas que valoran nuestras instituciones y tradiciones.

El atentado contra Noriega ha degradado y degradado nuestras instituciones, por no hablar de que ha puesto en duda nuestro sistema judicial. Deseosos de aprovechar al máximo el testimonio de Blandón, aunque nunca hubiera durado más de unos minutos según las normas de prueba del tribunal, y bajo el interrogatorio, los miembros de la comisión escucharon con avidez su diatriba incoherente y contradictoria contra el general Noriega. Incluso con ese margen de maniobra y con los miembros de la comisión haciendo lo posible por mostrar su preocupación, Blandón actuó tan mal como los delincuentes Floyd Carlton y Milian Rodríguez, que fueron llamados a declarar por la acusación.

El procedimiento recordaba a los "juicios espectáculo" y no tiene cabida en el sistema estadounidense. Si esto es lo que nuestros políticos llaman "gobierno abierto", que Dios ayude a Estados Unidos. ¿Las audiencias del subcomité pueden llamarse "juicio"? Tiendo a pensar que fue un juicio al general Noriega, aunque el presidente del subcomité, John Kerry, lo rechazó rotundamente cuando se le preguntó. Kerry hizo desfilar a Blandon ante el comité como si fuera un perro en el ring de una exposición canina. Cuando Blandon empezó a balbucear incoherencias, Kerry le dijo repetidamente "quédate chico, no tan rápido". Se trata del mismo John Kerry que iba a presentarse a la presidencia de los Estados Unidos. Gracias a Dios que fue derrotado.

Kerry se aseguró de que no se mencionara el reciente discurso televisado de Blandón en apoyo de Noriega. En ese discurso, Blandon dijo que las acusaciones contra el comandante de la PDF eran "invenciones" y negó con vehemencia que los oficiales de la PDF estuvieran involucrados en el tráfico de drogas. Esto puede ser buena política, pero es mala justicia. Al final, incapaz de seguir el ritmo de sus propias divagaciones, Blandon se contradijo y dio relatos tan diferentes de los mismos hechos que incluso los chacales de los medios de comunicación, especialmente la *revista Time,* tuvieron que admitir a regañadientes que la credibilidad de Blandon era inexistente. Pero no para John Kerry, que no podía permitirse perder su testigo de la Cámara de las Estrellas.

¿De dónde proceden los "datos" de Blandón sobre la implicación de Noriega en el narcotráfico? Un cuidadoso análisis elaborado por especialistas en la materia ha mostrado una sorprendente similitud entre las frases y palabras utilizadas por Norman Bailey, López Michelson, Roberto Eisenmann, Lewis Galindo y muchas de las palabras y frases utilizadas por Blandón. Así que parece que estos hombres pueden haber puesto palabras en la boca de Blandon. Ya hemos conocido al millonario Galindo, que supuestamente hizo su fortuna en el sector inmobiliario, y a Eisenmann, de *La Prensa,* pero vale la pena mencionar de paso que Galindo es de la confianza de Sol Linowitz, de la Comisión Trilateral, y de su estrecho colaborador, el doctor Norman Bailey.

López Michelson

López Michelson fue presidente de Colombia de 1974 a 1978, periodo en el que se hizo muy amigo de Fidel Castro, quien volvió a instalar a Carlos Lederer después de que éste fuera obligado por agentes de la DEA a huir de las Bahamas. Fue el ministro de finanzas de Michelson, Rodrigo Bolero Montoya, quien facilitó el depósito de dólares de la droga por parte de los barones de la cocaína al abrir la "ventanilla siniestra" en el Banco Nacional de Colombia como parte de las actividades de vigilancia de Michelson en nombre de los barones de la cocaína Ochoa, Lederer y Escobar. López Michelson incluso intentó legalizar a los barones de la droga a cambio de su oferta de pagar las obligaciones de la deuda externa de Colombia.

Nicolas Ardito Barletta

Otro de los lacayos contratados por el Departamento de Estado fue Nicolás Ardito Barletta. Amigo y confidente de Norman Bailey, del Consejo de Seguridad Nacional, y jefe de la "rama de banqueros" del NSC-CIA, cercano a Sol Linowitz y William Colby, Barletta era claramente un importante aliado de la facción "atrapar a Noriega". Ya he mencionado que Panamá se convirtió en un refugio para los narcotraficantes y sus bancos de blanqueo de dinero poco después de que Blandón promulgara estrictas leyes de secreto bancario: justo a tiempo para el "boom" del comercio de cocaína. Sus leyes sobre el secreto bancario nunca fueron cuestionadas, hasta que el general Noriega asumió esa terrible responsabilidad. No es de extrañar que Blandon se alíe con sus enemigos. Blandón era conocido en Washington como el "hombre de los banqueros" de Panamá.

Steven Sarnos

Identificado como traficante de drogas, Sarnos parecía disfrutar de un acceso sorprendentemente fácil a los funcionarios de la administración, como el almirante Poindexter, y a personas notables como Barletta. Sarnos formó parte del grupo formado por Eisenmann, Galindo y otros, que lanzó la campaña de desprestigio contra Noriega. Parece que Sarnos era otro de los muchos "entrenadores" de José Blandón.

Sarnos viaja para ver a sus contactos estadounidenses de alto nivel bajo la protección del programa federal de testigos. Tal vez como resultado de las pruebas aportadas por Sarnos, su antiguo colega y socio comercial Fernández fue condenado a prisión por tráfico de marihuana. Puede que nunca lo sepamos, pero esa debe ser la razón por la que a Sarnos se le permite viajar a los Estados Unidos, mientras que alguien como el presidente Waldheim, ex secretario general de la ONU, está en la lista negra.

La comisión del Senado, encabezada por John Kerry, pareció hacer todo lo posible para contrarrestar la errática actuación de Blandon. Preguntado por la prensa sobre los cambios en el testimonio de Blandon, sus inexactitudes y contradicciones, el senador D'Amato, uno de los miembros, dijo: "Los publicistas intentarán hacer cualquier cosa para desacreditar el testimonio del Sr. Blandon. Pero al final, el testimonio de Blandón no resultó ser más que el producto de una imaginación demasiado madura. Su afirmación de que había visto documentos que confirmaban el espionaje de la CIA a la vida privada de algunos senadores estadounidenses, una acusación negada rotundamente por la CIA pero confirmada por Blandon, causó un gran revuelo. El "bombazo" de Blandon sobre la CIA molestó al comité casi tanto como las revelaciones de Milian de que los principales bancos estadounidenses estaban implicados en el blanqueo de dinero sucio.

Otra de las "figuras internacionales influyentes" que apoyó la conspiración para "atrapar a Noriega" es Ted Turner, de la CNN. Se cree que Turner es un miembro de la Comisión Trilateral que fue "entrenado" personalmente por David Rockefeller. Parece que su nombre se ha añadido a la lista de enemigos de Noriega. *La Prensa* de Roberto Eisenmann respiró aliviada tras las audiencias de la subcomisión del Senado. Estaba claro que la política del banquero drogado para Panamá sería ahora la política oficial de los Estados Unidos. La campaña dirigida por Estados Unidos contra el PDF salió directamente de las páginas de *La Prensa* con sus aullidos de rabia por ser "reprimidos". Los barones de la cocaína y sus banqueros escribieron la letra de la canción de odio que la administración Reagan canta contra el mejor luchador contra el narcotráfico del mundo en ese momento, el general Manuel Noriega.

El hecho de que Noriega haya sido calumniado debería decirnos algo sobre su eficacia en la guerra contra las drogas. Si no fuera una entidad, a nadie en Washington o Panamá le importaría. Una campaña internacional de odio y vilipendio alcanzó rápidamente su punto álgido y terminó con la destitución de Noriega. Estoy convencido, basándome en información de la máxima fiabilidad, de que incluso después de su destitución, Noriega seguía corriendo un gran peligro. Esta información resultó ser correcta con el secuestro y el transporte de Noriega a una prisión de Florida, seguido de una parodia de juicio sin parangón en la jurisprudencia de cualquier nación occidental. Los señores de la droga y sus banqueros no perdonarán ni olvidarán. Noriega estaba marcado para ser eliminado de la misma manera que el general Somoza de Nicaragua estaba marcado para ser asesinado.

De las audiencias del subcomité surgieron algunos elementos positivos. El general Paul German negó haber encontrado pruebas de que Noriega hubiera actuado mal, como habían afirmado Blandon y Norman Bailey. Afirmó que no había pruebas fehacientes de que Noriega tuviera vínculos con los barones de la cocaína. Hubo rumores, dijo German, pero nunca se encontraron pruebas reales. La comisión tampoco pudo presentar una pizca de prueba creíble que apoyara las falsas acusaciones contra Noriega, a pesar de que Kerry hizo todo lo posible, y sin embargo fue declarado culpable y condenado a cadena perpetua, de la que nunca saldrá.

Blandon, Barletta, Linowitz, Elliot Abrams, Elliott Richardson, Lewis Galindo y Roberto Eisenmann, entre otros, quieren que se legalice el tráfico de drogas. El enfoque de Richardson sobre este tema fue muy inteligente. Abogó por la legalización de las drogas sin parecerlo. Su línea fue que era "demasiado tarde" para intentar combatir la amenaza de las drogas y que, independientemente de los esfuerzos que se hicieran para suprimirlas, como antes el alcohol, la mejor solución era legalizarlas. Según Richardson y su facción de banqueros del Eastern Liberal Establishment, esto resultará mucho más eficaz y barato a largo plazo, exactamente la línea adoptada por el senador Edward Kennedy en sus numerosos intentos de legalizar las drogas.

Edward Kennedy se ha librado del destino de sus hermanos, porque es útil para impulsar los proyectos de ley del establishment en el Senado, la única razón de su continua carrera política. Si Kennedy se atreve a votar en contra de la legislación pro-narcóticos aunque sea una vez, será expulsado. Nosotros lo sabemos y él lo sabe. Así de claro. En su artículo, copiado del Informe Sol Linowitz del Diálogo Interamericano de 1986, Richardson prácticamente cita los argumentos esgrimidos por *La Prensa* y Carlos Lederer en apoyo de la legalización del consumo de cocaína y marihuana de la misma manera que Estados Unidos se vio finalmente obligado a legalizar el alcohol. El Diálogo Interamericano es una confluencia de opiniones entre el Eastern Liberal Establishment y América Latina, que supervisa la elaboración de políticas trilaterales para la región bajo los auspicios del Comité de los 300.

En resumen, está ahí para sofocar las decisiones de la Comisión Trilateral. La lista de sus miembros permite evaluar rápidamente hasta qué punto este órgano fue creado para cumplir las órdenes del MCR. Cuando aparecen los nombres de McGeorge Bundy, Linowitz, Kissinger, John R. Petty, Robert S. McNamara, Barletta y Montoya, podemos estar seguros de que el trabajo sucio en la encrucijada existe.

Samper Pizano, mensajero de los barones colombianos de la cocaína, afirma que Occidente debe plantearse un enfoque nuevo y original del problema de la droga. Pizano, que no niega sus vínculos con los barones colombianos de la cocaína, entregó en una ocasión a López Michelson un cheque muy abultado como "contribución" a su campaña presidencial. Michelson aceptó el dinero, aunque sabía que procedía de Carlos Lederer.

El manido argumento de la legalización selectiva también fue expuesto por Richardson. Por lo visto, 65 millones de drogadictos en Estados Unidos no son suficientes. Richardson sugiere que la guerra contra las drogas no se puede ganar, otro argumento viejo y peligroso, que ignora los golpes de martillo que el presidente García pudo asestar a la mafia de la cocaína en sólo cincuenta días, ¡y con recursos estrictamente limitados a su disposición! El argumento decisivo es la siguiente afirmación: "...la ilegalidad de las drogas agrava el daño causado a los drogadictos y a la sociedad estadounidense". Como funcionario del tribunal, el Sr. Richardson merecía ser examinado por el Colegio de Abogados de Estados Unidos, acusado de promover la venta de drogas y procesado por esos motivos. El Diálogo Interamericano tiene su club de banqueros del narcotráfico apoyando los intentos de legalizar la droga. Que exista una relación probada entre el First Bank of Boston, Credit Suisse y los barones de la cocaína de Colombia no sería difícil de probar; mucho menos difícil que tratar de hacer creíble y aceptable el retorcido testimonio de José Blandón.

¿Por qué la subcomisión del Senado, que perseguía a Noriega, no persiguió al Credit Suisse, al First Bank of Boston, a American Express y al Bank of America, si realmente quería proyectar credibilidad en la lucha contra el narcotráfico? ¿Cuál fue el papel de John Kerry en todo esto? ¿Cuándo empezó el Departamento de Estado a temer realmente a Noriega?

Yo diría que esto fue inmediatamente después del éxito de la acción antidroga conjunta de la DEA y Panamá, con el nombre en clave de "Operación Pez", que fue revelada públicamente por la DEA el 6 de mayo de 1987, en lo que denominó "la mayor y más exitosa investigación encubierta en la historia de la aplicación federal de las drogas". El Departamento de Estado lanzó inmediatamente contraoperaciones, en colaboración con las personas nombradas en este artículo, para socavar el éxito de la "Operación Pez" y destituir al general Noriega como comandante de la Fuerza de Defensa de Panamá. El Departamento de Estado y sus aliados en el lobby pro-dopaje tenían buenas razones para temer a Noriega, como muestra el siguiente extracto de una carta del 27 de mayo de 1987 dirigida a Noriega por el jefe de la DEA. John C. Lawn, no puede ser más claro:

> Como saben, la Operación Piscis, que acaba de finalizar, fue un éxito: se incautaron varios millones de dólares y miles de kilos de droga a narcotraficantes y blanqueadores de dinero

internacionales. Su compromiso personal (énfasis añadido) con la Operación Fish y los competentes e incansables esfuerzos profesionales de otros funcionarios de la República de Panamá fueron esenciales para el éxito de esta investigación. Los narcotraficantes de todo el mundo saben que el producto y los beneficios de sus actividades ilegales no son bienvenidos en Panamá.

¡En efecto!

En estas últimas líneas encontramos la clave de por qué el Departamento de Estado se puso en contra del General Noriega y por qué se lanzó una campaña nacional de calumnias y difamación contra el más eficaz combatiente del narcotráfico en el mundo en ese momento. Las cartas de John C. Lawn contrastan con el lamentable espectáculo de José Blandón y el convicto narcotraficante Milian en sus esfuerzos por ensuciar al hombre más odiado y temido por los narcos colombianos, sus banqueros panameños y sus aliados en el establishment liberal oriental, entre los que se encuentran el *New York Times* y el *Washington Post*.

Las audiencias del subcomité del Senado hicieron un terrible y desafortunado flaco favor al pueblo estadounidense al apoyar a los señores de la droga y a sus banqueros, y prácticamente enterraron lo que quedaba del lamentablemente débil programa antidroga que el presidente Reagan debía haber dejado en manos de George H.W. Bush. Todo lo que quedaba de nuestra destrozada autoestima como nación opuesta a la amenaza de las drogas era el patético "Simplemente di no" de Nancy Reagan. Las palabras no valen mucho, sobre todo si se comparan con los actos de valentía que podemos atribuir al general Noriega y al presidente Alan García.

La prensa del establishment estadounidense, los chacales, siguiendo los dictados del jefe de la manada, David Rockefeller, orquestaron la despiadada campaña anti-Noriega en Estados Unidos, que llevó a la acusación por parte de un gran jurado de Miami del hombre tan generosamente elogiado por el jefe de la DEA. ¿Quién está equivocado aquí? ¿Es John C. Lawn? ¿El

Noriega que elogió es realmente el mismo que la prensa, los abogados, los banqueros, los mentirosos a sueldo y las organizaciones políticas de la mafia de la cocaína presentan como amigo y protector de los narcotraficantes? A primera vista, parece haber cierta confusión. O bien Noriega no es claramente el hombre que John C. Lawn alabó, o los testigos del subcomité del Senado eran unos mentirosos. Le dejamos que saque sus propias conclusiones. Volvamos a la lista de "enemigos de Noriega" y averigüemos quiénes fueron los principales autores de este salvajísimo crimen contra el mejor oponente de los narcotraficantes actuales.

General Rubén Darios Paredes

Este comandante retirado de la Guardia Nacional panameña era el enemigo más combativo y peligroso del general Noriega. A pesar de la brutal ejecución de su hijo por parte de la mafia de la cocaína, Paredes siguió siendo leal a los hermanos Ochoa, incluso después de descubrir que le habían mentido cuando llamó para preguntar por su hijo desaparecido. Paredes aceptó la palabra de los Ochoa de que su hijo estaba a salvo, incluso cuando la prensa colombiana pregonaba que Rueben Jr. ya estaba muerto, víctima de "los grandes mafiosos". Paredes tenía vínculos de larga data con Fidel Castro y su autoproclamado "amigo especial", el coronel Roberto Díaz Herrera. Teniendo en cuenta estos hechos conocidos, no es sorprendente encontrar a Paredes recibiendo en su casa a miembros del ejército privado de terroristas de Carlos Ledher, el M19, y protegiéndolos después de que se creara una unidad del M19 en Panamá para proteger el laboratorio de cocaína de Darién y los alijos de armas israelíes.

Paredes fue la elección de Kissinger, Linowitz y el Departamento de Estado para sustituir al general Noriega una vez que éste se viera obligado a abandonar el cargo por amenazas o por la persecución del Departamento de Justicia. Esta fue la base de las llamadas "negociaciones" con el general Noriega. En julio de 1987, Paredes amenazó con iniciar una guerra en Panamá si el general Noriega no dimitía. El papel asignado a Paredes por Kissinger y Linowitz fue el de aguafiestas, para asegurar que ningún individuo o partido político se hiciera lo suficientemente fuerte como para amenazar los intereses de los narcos y su red bancaria. Como ya se ha dicho, cuando Torrijos dio esas muestras, tuvo un "accidente" aéreo fatal. ¿Existe alguna prueba real del tipo que la subcomisión del Senado busca con tanto ahínco, y que no ha encontrado en el caso del general Noriega, que pudiera haber vinculado a Paredes con los barones de la cocaína y sus banqueros corruptos? Es sabido que los Ochoa hicieron regalos caros a Paredes, incluidos costosos caballos de carreras de pura sangre, pero eso en sí mismo no es prueba suficiente. Luego está la cuestión de la relación claramente establecida entre el adjunto de Paredes, el teniente coronel Julián Melo Barbua, a quien ya hemos conocido, y cuya estrecha relación con Ricardo Tribaldos, Jaime Castillo, Méndez y otros traficantes de Ochoa, como Stephen Samos, no ha sido discutida y no ha podido ser ocultada al general Paredes de ninguna manera.

Cuando López Michelson se reunió con los barones colombianos de la cocaína en Panamá en 1984, fue Melo Borbua quien se aseguró de que no se les molestara. Mencioné a Stephen Samos, porque estaba casado con Alma Robles, una hermana de los hermanos Robles, cuyo bufete de abogados es utilizado por los narcotraficantes. Samos era un mensajero para el sindicato de Fernández, hasta que fue atrapado. Según mis informaciones, era bien conocido por Melo Borbua, y sus actividades no podían escapar a la atención de un hombre como el general Paredes.

Paredes, a pesar de sus conocidos vínculos con el narcotráfico, era muy buscado por los chacales de los medios de comunicación estadounidenses. Recibió críticas de la prensa bastante favorables, su sórdido pasado aparentemente bien escondido, del mismo modo que el general Pitovranov, de la Misión Comercial y Económica de Estados Unidos (USTEC), es amado por la prensa estadounidense, a pesar de su conocido pasado como jefe de una brigada de secuestros y asesinatos del KGB en todo el mundo.

Dr. Norman Bailey

Los antecedentes de Bailey están vinculados al Consejo de Seguridad Nacional, donde prestó sus servicios antes de unirse a Sol Linowitz, el autor del infame asunto del Canal de Panamá. Mientras era miembro del Consejo de Seguridad Nacional, a Bailey se le asignó el estudio del movimiento del dinero de la droga, lo que le proporcionó experiencia de primera mano en Panamá. Como resultado directo de sus estudios, Bailey se hizo amigo de Nicholas Ardito Barletta. Se cree que Bailey desarrolló un odio hacia Noriega, culpándole de la pérdida del puesto presidencial de Barletta. declaró Bailey:

> Empecé mi guerra contra Panamá cuando mi amigo Nicky Barletta dimitió como presidente de Panamá.

Bailey aprendió mucho sobre las leyes de secreto bancario de Panamá de la mano del responsable de convertirla en un refugio para los narcotraficantes y los bancos de lavado de dinero de los que se convirtió en defensor.

¿Por qué iba a ofenderse Bailey por el despido de Barletta? Porque Barletta era el "hombre sobre el terreno" que representaba a los altos mandos del establishment británico y estadounidense, que estaban metidos hasta las cejas en el tráfico de drogas, desde una distancia segura, por supuesto. También era el hombre del Fondo Monetario Internacional (FMI) sobre el terreno en Panamá para garantizar que sus dictados se obedecieran sin rechistar, y era el favorito de George Shultz. Cuando el general Noriega se resistió a las medidas de austeridad del FMI, chocó frontalmente con Ardito Barletta y, por delegación, con el establishment elitista de Washington. Sin que Bailey lo supiera, el general Noriega había estado hablando con Alan García, cuyas tácticas habían defendido con éxito a Perú contra las depredaciones del FMI, y que Noriega adoptó más tarde para Panamá.

Como resultado, Bailey fue expulsado cuando intentó convertirse en el ejecutor del FMI. Fue entonces cuando la decisión de emprender una guerra total contra Noriega y la Guardia Nacional fue tomada por George Shultz por consejo de Norman Bailey y su socio comercial, William Colby, cuya firma, Colby, Bailey, Werner y Asociados, había sido consultada por los blanqueadores de dinero de la droga panameños y estadounidenses, presas del pánico. A partir de entonces, el general Noriega nunca fue llamado de otra manera que no fuera "dictador".

Bailey mantiene que no estaba interesado en deshacerse de Noriega. Era más importante, dice, deshacerse de él militarmente, porque, según Bailey, "Panamá es el país más militarizado del hemisferio occidental". Esta notable declaración debe sopesarse con el hecho conocido de que fue Bailey quien redactó los cargos contra Noriega por parte de Blandon, Eisenmann y Weedon. Bailey, como miembro del grupo de acción cívica que trabajó intensamente para derrocar a Noriega y sustituirlo por lo que a Bailey le gustaba llamar una "junta civil", que celebraría elecciones libres una vez que tomara el poder, para lo que fijó un plazo de un año.

Bailey fue uno de los principales contribuyentes al desprestigio de Noriega por parte del *New York Times* y el *Washington Post*, al que llama "98% de hechos". Incluso si sólo el 2% no es un hecho, entonces seguramente sus artículos deben ser totalmente sospechosos. A través de Bailey, la conspiración contra el general Noriega ha cerrado el círculo, desde los barones de la cocaína en Colombia hasta los elitistas de Washington, Londres y Nueva York. Fue a través de Bailey como se estableció el vínculo entre la mafia asesina de la cocaína de clase baja y los respetables e intocables nombres del establishment social y político de Washington, Boston, Londres y Nueva York, encarnados por Elliott Richardson y George Shultz.

Lo que está en juego son las enormes sumas de dinero generadas por los traficantes de drogas, que siguen siendo ilegales, pero puede que no lo sean durante mucho más tiempo, dada la presión ejercida sobre los legisladores para "relajar" el "uso social" de drogas como la marihuana y la cocaína. Detrás de la presión contra el tabaquismo está la campaña del lobby de la droga para legalizar el "uso ligero" de drogas peligrosas y adictivas. El Cirujano General afirma que la nicotina es tan adictiva como la cocaína y la heroína. Las implicaciones son obvias. Abandona el tabaquismo antisocial, que tiene riesgos probados de cáncer, y cámbialo por la cocaína o la marihuana, que no son cancerígenas. Las ventas de medicamentos, que actualmente superan con creces a las de gasolina, podrían superar pronto a las de cigarrillos.

El "mercado" de la cocaína aún está relativamente sin explotar. Si varios millones de personas más se convierten en zombis drogadictos, qué decir, como diría Bertrand Russell si estuviera vivo hoy. Cuando Noriega fue detenido por George Bush el Viejo y su ejército de 7.000 soldados estadounidenses, la Unión Soviética ganó, gracias a la asociación y a la Cuba de Castro. Fue capaz de extender su influencia por toda América Latina. Un segundo beneficio de este comercio es el aumento de la producción de cocaína y marihuana que hace posible. Estados Unidos sintió el impacto de esto, ya que las drogas se abarataron y se pusieron a disposición de los "nuevos" consumidores, que no necesariamente se convirtieron en adictos, o eso se dice. Para ello, los narcotraficantes se aseguraron el pleno apoyo del *New York Times*, que habla en nombre de los intereses británicos, y del *Washington Post*. Ambos periódicos han publicado varios artículos en los últimos años a favor de la legalización del consumo de marihuana y cocaína.

El Senado declaró la guerra a Panamá igual que declaró la guerra a Sudáfrica. El patriotismo del pueblo estadounidense se despertó al referirse al ejército panameño como un peligro para la seguridad del canal. De Concini fue el inútil títere de la derecha que firmó el documento de abandono, con "reservas", que no fueron aceptadas por Panamá, por lo que fue promovido como un hombre sabio y prudente por exigir el codicilo cuando no era ni es más que un decomiso, que actuó como el abandono del canal americano en Panamá. La situación en Centroamérica se ha convertido en un peligro para los intereses de seguridad nacional de Estados Unidos. Se impuso una "democracia" al estilo filipino en Panamá. Para dar luz verde al Tratado del Canal de Panamá, el Senado declaró que el general Noriega tenía que dimitir. Si se negaba a cumplir, se le obligaría a marcharse. Este fue el consenso de la delegación de seis miembros del personal del

Senado que visitó Panamá del 12 al 16 de noviembre de 1987. La delegación no mencionó la aterradora amenaza que suponen los narcotraficantes y su vinculación con Cuba, por no hablar de la amenaza que supone para nuestra economía la fuga de dólares estadounidenses a los bancos de blanqueo de dinero de Panamá. En nombre de la democracia, el control de Panamá fue arrebatado a Noriega y entregado a los narcotraficantes internacionales y Panamá quedó patas arriba con el tratado del canal. La amenaza de enviar al ejército estadounidense a Panamá si los "disturbios" amenazan la seguridad del canal no se menciona explícitamente, pero está claramente implícita. El veterano alborotador John Maisto fue enviado a Panamá para crear este desorden.

John Maisto

¿Quién es John Maisto? Era el número dos de la embajada estadounidense en Panamá en el momento del "traslado" a ese país. Antes fue enviado a Corea del Sur, Filipinas y Haití para crear disturbios en las calles y dirigir "manifestaciones" contra las autoridades. Es una vergüenza que se haya permitido al agente provocador Maisto salirse con la suya con su escandaloso comportamiento. El Senado contribuyó deliberada y maliciosamente al deterioro de las condiciones en Panamá al seguir insistiendo en que el "dictador" Noriega estaba involucrado en actividades criminales y que su negativa a aceptar los derechos de defensa de Estados Unidos, en los que se basa el Tratado de Panamá, ponía en peligro todo el tratado.

Los "derechos de defensa" en este caso significaban el estacionamiento de tropas estadounidenses en zonas donde Maisto estaba trabajando para provocar problemas, una provocación deliberada, ya que los militares son muy conscientes de los peligros inherentes al estacionamiento de tropas en zonas de disturbios civiles. Si han aprendido algo de Irak, los militares deberían saber que no deben colocar al personal militar estadounidense en medio de una situación insostenible y volátil.

Otra falsedad que debe ser expuesta es la historia de que el general Noriega recibía ayuda de Libia. Esto es una invención diseñada para desacreditar a Noriega. Mis fuentes tardaron tres meses en investigar estas acusaciones y descubrieron que no tenían fundamento.

El Departamento de Estado había llevado a cabo una campaña de desinformación con la ayuda de Ted Turner de la CNN, al igual que la BBC había llevado a cabo su campaña de desinformación contra el Sha de Irán. Pero a pesar de todo esto, el baño de sangre previsto para Panamá por la campaña de desinformación y las actividades nefastas de John Maisto no se produjo. El general Paredes, que, como ya hemos explicado, era el portavoz de los barones de la cocaína, de sus banqueros y de sus apoyos políticos, se sumó al crescendo de las calumnias contra el general Noriega, augurando terribles consecuencias para Panamá si éste no dimitía inmediatamente. El presidente Reagan, que no tenía ni idea de quiénes eran realmente los "malos", dio a Noriega un plazo hasta abril de 1988 para que dimitiera. ¡Como si Panamá fuera parte de los Estados Unidos!

Noriega no quiso cumplir, por lo que el plazo se retrasó hasta mediados de mayo. Según una fuente de Washington, Reagan quiere deshacerse de Noriega a tiempo para su reunión "cumbre" con Gorbachov. Norman Bailey intensifica sus demandas de disolución de la Guardia Nacional panameña, que representa un "peligro" para toda la región.

En un foro celebrado en la Universidad George Washington, en Washington D.C., Bailey dijo que Noriega sólo cedería si el pueblo panameño salía a la calle, recibía disparos y se defendía. A menos que las cámaras de televisión estén presentes para grabar tales eventos, sería un esfuerzo inútil. No va a pasar nada en Panamá, no vas a deshacerte de Noriega y de las instituciones de la PDF si el pueblo no sale a la calle", dijo Bailey. Por eso Maisto estuvo en Panamá, donde aplicó su experiencia de la mafia adquirida en Corea del Sur, Filipinas y Haití.

Lo que Maisto y Bailey querían era un "Sharpeville" panameño - la revuelta instigada por el Departamento de Estado que arrasó el municipio negro de Sharpeville, en Sudáfrica, y que dejó 70 negros amotinados muertos- que las cámaras estuvieran allí para grabar. Sharpeville ha sido una maldición para Sudáfrica desde entonces. La gota que colmó el vaso de Noriega fue la acusación de un gran jurado de Miami. Para resumir lo que ya había sucedido en Panamá:

Las fuerzas del narcotráfico y sus banqueros se aliaron con la clase política de Washington para deshacerse del general Noriega y sustituirlo por un régimen títere dirigido desde Washington. ¿Cuáles fueron los motivos de esta acción? En primer lugar, Noriega estaba desbaratando el lucrativo y floreciente comercio de cocaína y marihuana de Panamá, y en segundo lugar, se negaba a cooperar con el plan andino de Kissinger para convertir a Centroamérica en un campo de batalla al estilo de Vietnam para las fuerzas estadounidenses.

Estas fueron consideradas razones suficientes para poner a Panamá bajo asedio. ¿Cuál fue el resultado? El general Noriega se negó a seguir retirándose. Se crearon entonces situaciones artificiales, como asambleas revueltas, dificultades económicas y disturbios laborales, con el objetivo de hacer ingobernable a Panamá. Entonces intervino el ejército estadounidense, aparentemente para asegurar el canal, pero en realidad para secuestrar a Noriega y llevarlo a Florida para ser juzgado. Así es como se ha llevado a cabo la política exterior de Estados Unidos para Panamá. ¿Somos una nación apta para gobernar Occidente? Les dejo que saquen sus propias conclusiones.

¿Fue el General Noriega de alguna manera responsable de los problemas en Panamá? ¿Era de alguna manera el traficante de drogas que el Gran Jurado y el Senado afirmaban que era? ¿Por qué Panamá recibe de repente tanta atención, incluso más que cuando nuestro canal fue entregado al general "anticomunista" Omar Torrijos?

Cuando se golpea a alguien en la cartera, se puede estar seguro de que duele. Y eso es exactamente lo que hizo el general Noriega. Golpeó a los señores de la droga en sus carteras. Le costó a los bancos de lavado de dinero de la droga sucia gran parte de sus ganancias mal habidas. Desprestigió a los banqueros. Alteró el statu quo; puso dientes a las leyes bancarias de Panamá.

Además, se interpuso en el camino de Henry Kissinger e interrumpió la venta de armas israelíes en Centroamérica. Pisó los pies de gente poderosa. No es de extrañar que el general Noriega haya sido puesto en el papel de villano. La presidencia de Carter produjo una explosión del comercio de cocaína. A los seis meses de la llegada de Carter a la Casa Blanca, nuestra situación monetaria era un caos. La Reserva Federal no previó la avalancha de dólares y tuvo dificultades para satisfacer la demanda de los bancos de Florida. El sistema monetario estaba desordenado. Seis meses después de que Jimmy Carter llegara a la presidencia, los bancos de Florida declaraban 514.000 millones de dólares en ingresos por cocaína.

Carlos Ledher, del cártel de la droga colombiano, encontró un amigo simpático y benévolo en el Dr. Peter Bourne, asesor de Jimmy Carter en la Casa Blanca en materia de drogas. Los Allman Brothers, cargados de drogas, fueron recibidos en la Casa Blanca, a pesar de que eran consumidores de "coca". Ledher cultivó su "conexión Carter" y, sin duda, se alegró cuando Bourne empezó a expedir recetas de drogas adictivas a sus amigos y colegas, lo que, por cierto, le permitió eludir las sanciones correspondientes.

Estas condiciones de "bonanza" han creado una magnífica oportunidad para los señores de la droga, especialmente en Panamá. A Torrijos no le importaron estos acontecimientos. Tomar el control de la Zona del Canal y construir una economía panameña viable era lo que más le interesaba. Si la cocaína y la marihuana eran un medio para ese fin, ¡que así sea! Su actitud era "vive y deja vivir".

La administración Carter ha apoyado las exigencias del FMI de que América Latina cultive "cultivos comerciales" (marihuana y cocaína) para cumplir con sus obligaciones de deuda internacional. El FMI ha animado oficialmente a varios países, entre ellos Jamaica y Guyana, a cultivar productos comerciales relacionados con la droga. La posición del FMI es bien conocida. John Holdson, un alto funcionario del Banco Mundial, ha dicho que la industria de la coca es muy beneficiosa para los productores, y añadió: "Desde su punto de vista, simplemente no podrían encontrar un producto mejor". La oficina del FMI en Colombia ha declarado abiertamente que, para el FMI, la marihuana y la cocaína son un cultivo más que aporta las tan necesarias divisas a las economías de los países latinoamericanos. El Banco Mundial y el FMI no son los únicos que han "aprobado" el tráfico de drogas.

El Midland and Marine Bank fue adquirido por el principal banco de la droga del mundo, el Hong Kong and Shanghai Bank, con el permiso expreso del ex jefe del Departamento del Tesoro, Paul Volcker, a pesar de que sabía perfectamente que el propósito de la adquisición era dar al Hongshang Bank un punto de apoyo en el lucrativo comercio de cocaína de Panamá. De hecho, la adquisición de Midland por parte de Hongshang fue muy irregular, rozando lo delictivo. El Midland Marine Bank era notable por una razón: ¡servía como banco de compensación para los bancos de la droga en Panamá!

No es casualidad que el Banco de Hong Kong y Shanghai lo haya adquirido. Nicolas Ardito Barletta estaba en el consejo de Midland Bank, al igual que Sol Linowitz. Es curioso que estos nombres sigan apareciendo. Aparentemente, Linowitz no pensó que fuera un conflicto de intereses cuando llegó el momento de "negociar" con Torrijos.

¿Y qué hay del First Boston, que se lleva el dinero sucio de la droga hasta el cuello en colaboración con el Credit Suisse? First Boston no es un banco cualquiera. Sus propietarios originales eran la antigua familia liberal oriental Perkins, vinculada al imperio White Weld de Suiza. Por cierto, Perkins era el agente de J.P. Morgan y de varias otras casas británicas que operaban en Estados Unidos. El hecho de que los Estados Unidos de América llegaran a tales extremos para deshacerse de un "dictador" de un país pequeño debería decirnos algo. Debería despertarse la curiosidad por saber qué hay detrás del esfuerzo concertado de banqueros, políticos y chacales de la prensa para deshacerse del general Noriega. Espero que con la información que les he proporcionado puedan entender ahora por qué Panamá sigue estando sitiada.

Desde el primer indicio, en 1986/87, de que algo iba mal en los planes de los narcobanqueros para utilizar al general Manuel Noriega como instrumento, los bancos Rockefeller y Wall Street empezaron a conspirar para sacarlo del poder. Sin embargo, cuando todos los intentos fracasaron, se consideraron medidas más radicales. Está claro que en 1988, Noriega se había convertido en un serio obstáculo para el tráfico de drogas en Panamá. A continuación examinaremos las medidas extraordinarias que tomó Rockefeller para destituirlo por sus ataques al Banco Iberoamericano de Panamá, y las implicaciones que siguieron.

¿Por qué el presidente G.H.W. Bush tuvo que recurrir a la acción criminal de invadir Panamá y secuestrar a su jefe de Estado? Se han esgrimido muchas razones para esta acción verdaderamente ilegal y vamos a examinar algunas de ellas. Si el pueblo estadounidense no hubiera estado sumido en una niebla permanente, la invasión de Panamá por parte del ejército estadounidense habría provocado una enorme protesta.

¿Estaba Noriega al servicio de la Agencia Central de Inteligencia? ¿Lo creía Alfredo Duncan, el agente de la DEA a cargo en Panamá? Si es así, podría ayudar a explicar su extraña conducta. Según los informes de un agente encubierto de la DEA que renunció a su puesto, pensaba que Duncan tenía "una relación excepcional con la CIA".

También se dijo que esto ocurría en torno al hotel Marriott de Panamá, conocido por los narcotraficantes como "hotel de la DEA". El mismo agente se quejó de que nunca pudo conseguir que Duncan "hiciera nada" en relación con las operaciones de droga planificadas en Panamá para las que se necesitaba su ayuda. Cuando se le ordenó que detuviera a un hombre llamado Remberto, un capo del blanqueo de dinero de la droga en Panamá, Duncan aparentemente no hizo nada, y cuando se le interrogó sobre su negligencia, dijo que la CIA se había llevado a Remberto antes de que pudiera actuar.

Más tarde se afirmó que Remberto tenía vínculos con Noriega, pero nunca se presentaron pruebas que respaldaran esta afirmación. En 1986, Noriega cerró el First Inter America Bank cuando se demostró que era propiedad del cartel de Cali.

¿Qué es el cártel de Cali? Era probablemente uno de los mayores cárteles de la droga de Colombia, que supuestamente colaboraba con las agencias gubernamentales estadounidenses contra el cártel de Medellín. El *Washington Post* lo admitió. Uno de los lobistas oficiales de Cali era Michael Abbell, que fue empleado del Departamento de Justicia durante 17 años. Los días 28 y 29 de octubre de 1989, el presidente Bush y sus aliados celebraron una cumbre en Costa Rica, a la que asistieron líderes políticos de América Central y del Sur. En la conferencia de prensa posterior, el presidente Bush dijo a los periodistas: "Los días de ese déspota, el dictador (Noriega), han terminado.

Esto envió una señal a la prensa de que el caso "urgente" de Noriega se había resuelto ahora mediante una consulta conjunta con Venezuela y Nicaragua, entre otros, aunque Bush trató de distanciarse oficialmente del presidente nicaragüense Daniel Ortega. Por mucho que el presidente Bush se esforzara en dar la apariencia de un veredicto unánime contra el líder panameño, el hecho de que la mayoría del jurado, Bolivia, Guatemala y la República Dominicana ni siquiera se presentaran al "juicio", hecho que habría enfurecido a Bush y a su jefe ejecutivo, James Baker III. El presidente Carlos Salinas Gortari habría jugado un papel clave en el caso del linchamiento. Tal vez Gortari decidió que la discreción era la mejor parte del valor, después de evitar por poco un gran escándalo de drogas en el que uno de sus principales generales se salvó de la detención en un negocio de drogas gracias a una llamada telefónica de advertencia del entonces Fiscal General Edwin Meese sobre lo que estaba por venir. El presidente venezolano Carlos Andreas Pérez, aunque no es un caballero blanco, fue el que dijo, según fuentes de inteligencia, que habría un golpe de Estado contra Noriega bajo la apariencia de una "fuerza conjunta" el 3 de octubre de 1989, pero ese intento fracasó. También el intento de presionar a las naciones latinoamericanas para que rompan sus relaciones diplomáticas con Panamá. El presidente Bush dijo a los jefes de Estado que más les valía apoyar su plan para enfrentarse a Noriega, o de lo contrario... Pero la conferencia terminó sin un acuerdo final.

Esto demuestra cuánto temía Bush a Noriega y lo bajo que estaba dispuesto a caer su gobierno para conseguir sus fines. Bush se reunió con las "fuerzas opositoras" panameñas, la llamada Alianza Cívica de la Oposición Democrática Panameña, formada por figuras públicas bien conocidas por tener vínculos con bancos de Panamá y Florida que blanquean dinero del narcotráfico. Su líder, Guillermo Endara, salió en televisión y pidió abiertamente el asesinato de Noriega.

A su regreso a Panamá, Endara negó haber pedido esa acción. Noriega contrarrestó entonces a los conspiradores costarricenses consiguiendo que el presidente Rodríguez enviara una carta abierta a los presidentes latinoamericanos, que contenía una copia de la oferta a las Naciones Unidas de hacer de Panamá la sede de una fuerza multinacional antidroga, hecho que el presidente Bush no había aclarado.

La carta del 3 de octubre de 1989 dirigida a la ONU pedía que se estableciera dicha fuerza mediante un tratado internacional que le garantizara plena autoridad en Panamá, pero no hubo respuesta de la administración Bush ni de la ONU. La carta también reprendía a Venezuela y a otros "socios de Bush" por pedir "democracia" en Panamá, sin mencionar en ningún momento el ilegal y pernicioso boicot puesto en marcha por el presidente Bush sin razones válidas ni apropiadas. A lo largo de octubre y noviembre de 1989, las fuerzas estadounidenses en Panamá hostigaron a las fuerzas de defensa panameñas, con la esperanza de crear un incidente que justificara la intervención militar estadounidense, pero la PDF no hizo nada. Más tarde se demostró (mayo de 1989) que la administración Bush cambió las reglas de enfrentamiento de las fuerzas estadounidenses en Panamá.

Ahora los militares recibieron la orden de hacer todo lo posible para buscar enfrentamientos con los PDF. El Pentágono se preparaba en secreto para provocar a los soldados de Noriega enviando convoyes a través de las afueras de la ciudad de Panamá, lo que estaba en contradicción con el tratado con Panamá. La premisa subyacente era que Noriega se enfadaría y ordenaría a las PDF que se enfrentaran a los convoyes estadounidenses, lo que prepararía el terreno para un conflicto mayor.

Intervención de Estados Unidos

El 8 de julio de 1989, el general Cisneros, comandante del Ejército del Sur de Estados Unidos en Panamá, desechó los intentos de la Organización de Estados Americanos (OEA) de negociar y resolver la crisis. El General Cisneros afirmó que la OEA

"...no actuaría con la suficiente firmeza para desalojar a Noriega. En lo que a mí respecta, creo que es hora de una intervención militar en Panamá".

¿Desde cuándo los militares estadounidenses deciden sobre cuestiones políticas? Esta acción fue una especie de prueba de lo que Bush tenía en mente para Irak. El 20 de diciembre de 1989, después de que todos los demás métodos hubieran fracasado para desalojar al popular Noriega, Bush dio luz verde a un acto de agresión violenta contra el pueblo panameño, que tuvo como resultado la muerte de 7.000 panameños y la destrucción de toda la región del Chorrillo mediante un bombardeo sostenido de tropas y aviones estadounidenses. Esta acción, llevada a cabo por el ejército estadounidense, fue un acto de agresión abierta contra una nación pacífica, y constituyó una violación flagrante de la Constitución estadounidense y de las Convenciones de La Haya y de Ginebra de las que Estados Unidos es signatario.

Examinemos las verdaderas razones por las que el presidente Bush, sin obtener primero una declaración de guerra del Congreso, fue a la guerra contra la pequeña nación de Panamá y, como un desesperado, ordenó el secuestro del jefe de Estado... ¿Por qué el presidente Bush tuvo que recurrir a medios tan desesperados para deshacerse de Noriega? ¿Por qué Bush recurrió a esas tácticas de gánster? Según algunos informes, uno de los principales motivos fue advertir a las naciones latinoamericanas de que a partir de ahora, si no se plegaban a la voluntad de Washington, también serían amenazadas con una acción militar estadounidense.

No hay ninguna razón para creer que la masiva campaña de propaganda en torno a la acción militar ilegal de EE.UU. contra Panamá y Noriega, que el Presidente quería hacer creer al mundo que acabaría con el tráfico de drogas en Panamá, y que había acusado a Noriega de liderar, tuviera un éxito siquiera parcial. No existe ningún precedente en la Constitución estadounidense ni en el derecho internacional para un ataque no provocado a Panamá.

¿Qué pruebas sustanciales ha aportado el Presidente Bush para apoyar sus acusaciones? No se ofreció ni una sola prueba. Se suponía que simplemente debíamos creer en la palabra del Presidente. ¿Cuáles eran entonces los objetivos de la invasión? El primer objetivo era destruir las fuerzas de defensa panameñas, la única fuerza capaz de mantener la ley y el orden en el país. Conseguido este objetivo, el siguiente paso fue instalar, por los medios más antidemocráticos posibles, un régimen títere compuesto por personas con los vínculos más estrechos con los bancos que blanquean el dinero de la droga, y conocidos partidarios de la familia Bush desde hace mucho tiempo.

La destrucción de la PDF tenía otro objetivo secundario, que tenía que ver con los tratados del Canal de Panamá, según los cuales Estados Unidos y Panamá debían defender conjuntamente el canal. Este compromiso debía eliminarse en 1999, momento en el que la PDF sería lo suficientemente fuerte como para asumir la plena responsabilidad de la vigilancia del canal y las fuerzas militares estadounidenses se verían obligadas a abandonar el país. Una disposición clave de los tratados estipulaba que, en caso de que Panamá no cumpliera con sus obligaciones de proporcionar dicha fuerza de seguridad, "se mantendría una presencia militar estadounidense". Esto se consideró una disposición "buena" cuando fue insertada por Sol Linowitz, que redactó los tratados. Estaba ahí para evitar que cualquier futuro dirigente panameño se "pasara de la raya", aunque no se preveía ningún problema con Omar Torrijos.

Cuando Torrijos empezó a incumplir sus acuerdos personales con David Rockefeller para proteger a los bancos de lavado de dinero del narcotráfico, no fue posible en ese momento destruir la PDF, aunque se hicieron muchos intentos de iniciar una revuelta que dividiera el cuerpo, pero todos fracasaron. Por tanto, Torrijos fue "liquidado" a la manera de la CIA. La "liquidación" se convirtió en el lenguaje de la CIA tras el mandato de Alan Dulles como su jefe. Antes de ese momento, la palabra nunca fue utilizada por ninguna agencia de inteligencia estadounidense. Era una palabra estrictamente estalinista.

¿Por qué sería deseable mantener las fuerzas estadounidenses en Panamá de forma permanente? El advenimiento de la Guerra del Golfo y la segunda invasión de Irak por las fuerzas estadounidenses proporcionan la clave. Estados Unidos quería estacionar una fuerza de despliegue rápido en Panamá para utilizarla contra las naciones latinoamericanas y caribeñas recalcitrantes, del mismo modo que se estacionará permanentemente una fuerza de despliegue rápido en Irak para hacer frente a los países musulmanes que tal vez desearían no haber sido nunca amigos de Estados Unidos.

Esta es la llamada "doctrina de proyección hemisférica" establecida por los planificadores del Pentágono. Veremos bases permanentes similares en muchas partes del mundo, incluyendo Pakistán, Corea del Sur, Somalia, Irán y Afganistán, a medida que los Estados Unidos se acomodan en su papel de ejecutor del "gran garrote" para el ejecutor global que hemos llegado a conocer como el Nuevo Orden Mundial. Sin embargo, hasta ahora no se ha alzado una sola voz de protesta contra esto en el Senado. Puedo añadir, sin modestia, que estos acontecimientos fueron predichos en mi libro, *One World Order, Socialist*

Dictatorship.[4]

Panamá se ha convertido en una importante base para las operaciones de Estados Unidos contra las naciones latinoamericanas, que en algún momento del futuro podrían rebelarse contra el recaudador de tributos, el FMI, al ver que sus pueblos y naciones desaparecen en el fango creado por los cambistas internacionales. Está claro que la "fuerza policial internacional" del FMI, los Estados Unidos de América, tendría que actuar inmediatamente en caso de que algún país intentara expulsar al FMI. Así, las bases de Fort Clayton adquirieron una nueva importancia. América Latina se sintió intimidada y asustada por la crueldad de las acciones militares de Estados Unidos en Panamá. Para ser sinceros, los líderes de estas naciones no lo esperaban, y cuando llegó, su ferocidad les asustó, que era exactamente lo que debía hacer.

Claramente, la mayoría de los líderes latinoamericanos pensaban que la Orden de Calaveras y Huesos era una especie de organización benévola, "como los Shriners", que crearía "una América más amable y gentil", como dijo un funcionario.

Poco sabían de la implicación de la Corona británica en las actividades de Estados Unidos, o de sus antiguos vínculos con el tráfico de drogas. En apoyo a esta información, Endara, instalado a la fuerza y de manera antidemocrática, propuso que después del año 2000 todas las bases de Panamá se pusieran a disposición de los militares estadounidenses.

El segundo objetivo de la invasión de Panamá por parte de Bush era instalar un nuevo gobierno de chiflados seleccionados con un historial de alianzas de larga duración con los bancos, cuyo principal negocio era blanquear el dinero de la droga para algunos de los carteles de cocaína más importantes. En esto, la misión de Bush era proteger los intereses de los bancos Rockefeller en Panamá, que el general Noriega había empezado

---

[4] *La dictadura del orden mundial socialista*, Omnia Veritas Ltd, www.omnia-veritas.com.

a destripar y amenazaba con demoler. De hecho, este objetivo de Bush se logró.

El tercer objetivo de la invasión de Panamá era hacer creer al pueblo estadounidense que se trataba de una gran escalada de la guerra del Presidente contra las drogas, esa acción mítica e inexistente que nunca llega a ninguna parte. Al invadir Panamá, Bush sabía que su "guerra contra las drogas" recibiría un gran impulso, especialmente en el Capitolio, donde los legisladores estaban irritados por la falta de progreso y bajo constante presión para legalizar las drogas. La siguiente fase consistiría en montar una "guerra contra el terror", de alcance global y duración indefinida.

En febrero de 1990, empezaron a ocurrir cosas muy extrañas. Los medios de comunicación estadounidenses, siempre partidarios incondicionales de Bush y de su régimen autocrático, comenzaron a emitir sonidos inusuales. Por ejemplo, el informe del *New York Times* del 7 de febrero. Incluso teniendo en cuenta el hecho de que el periódico es un puesto de avanzada de la inteligencia británica con funcionarios estadounidenses a la cabeza, no tiene sentido que el periódico haya publicado la verdad.

Haciendo referencia a artículos anteriores, es notable que el *New York Times* (NYT) nombrara a las mismas personas que criticaba por estar demasiado cerca de los bancos corruptos que blanquean el dinero de la droga. Bajo el título "Panamá se resiste a las presiones de Estados Unidos para cambiar sus inadecuadas leyes bancarias", el artículo afirma

> *Un examen minucioso de los registros bancarios panameños y de los documentos judiciales muestra que muchos altos funcionarios del gobierno (creados por EE.UU.), aunque nunca han sido acusados de blanqueo de dinero, tienen estrechos vínculos con bancos corruptos. Varios de estos bancos han sido acusados de blanqueo de dinero o han sido cerrados por la presión de Estados Unidos.*

El artículo no decía que era una acción de Noriega, que había cerrado estos bancos y que EEUU no había apoyado a Noriega.

Al ver todos los hechos, las piezas del rompecabezas empezaron a encajar. Por supuesto, el *New York* Times intentaba demostrar que los Estados Unidos habían instigado el cierre de los bancos, cuando no era así en absoluto, y además, al culpar a la "resistencia" a los cambios que supuestamente provenían de Washington, se podía hacer parecer que los Estados Unidos estaban realmente librando una guerra contra las drogas, pero que el nuevo gobierno no estaba cooperando, lo que el lector debe estar de acuerdo en que era una estratagema bastante inteligente.

El artículo continúa:

> *El presidente Guillermo Endara fue durante años el director de un banco panameño ampliamente utilizado por el cartel colombiano de Medellín.*

Fue gratificante para mí obtener la confirmación de la información dada muchos años antes en mis monografías sobre Panamá, incluso de una fuente tan inesperada. El Banco Interoceánico de Panamá, uno de las dos docenas de bancos panameños señalados por el FBI como blanqueadores de dinero del narcotráfico, es el banco al que se refiere el *New York Times*. *Continuó* diciendo:

> *El Sr. Endara, que fue abogado mercantilista antes de llegar a la presidencia, es amigo íntimo de Carlos Eleta, un empresario panameño que fue detenido en Atlanta en abril (1989) acusado de conspirar para crear una importante red de contrabando de cocaína. Fue puesto en libertad bajo fianza y ahora está a la espera de juicio.*

Por supuesto, el New York Times no llegó hasta el final, pero lo que no dijo se puede encontrar aquí, es decir, que no sólo Endara estaba metido hasta el cuello en el lavado de dinero de la banca, sino también sus amigos altamente favorecidos por la administración Bush.

Otros miembros destacados del "gabinete de Panamá" de la administración Bush son los siguientes:

Rogelio Cruz

Cruz es el Fiscal General de Panamá. Anteriormente fue director del Primer Banco Interamericano de Desarrollo. Este banco era propiedad de Gilberto Rodríguez Orejuela, un hombre de alto rango en el cártel de Cali en Colombia, al que ya he mencionado.

Guillermo Billy Ford

Es el vicepresidente segundo y presidente de la comisión bancaria. También resulta ser copropietario del Bank of Dadeland, que ha sido nombrado específicamente en mis monografías como banco de blanqueo de dinero procedente de la droga. El banco era también la cámara de compensación del dinero de la droga para Gonzalo Mores, el principal blanqueador del cártel de Medellín.

Ricardo Calderón

Calderón es el primer vicepresidente de Panamá, y los registros muestran que su familia estaba muy involucrada en actividades bancarias sospechosas.

Mario Galindo

Galindo y su familia, al igual que Calderón, estaban implicados en bancos sospechosos de blanquear dinero del narcotráfico, incluido el Banco del Istmos, cuyo presidente, Samuel Lews Galindo, estaba emparentado con Mario Galindo.

Todos estos elementos eran bien conocidos por Iván Robles, que trabajaba en el Dadeland Bank, y Antonio Fernández, que introducía toneladas de marihuana en Estados Unidos. En 1976, la red de Fernández comenzó a comprar acciones del Dadeland Bank, del que eran copropietarios Ford, Eisenmann y Rodríguez. El presidente Bush dio una calurosa bienvenida a Rodríguez como enviado "porky" de Endara a los Estados Unidos. Al colocar a estos hombres en funciones prominentes en el gobierno panameño, la administración Bush parecía haber logrado su segundo objetivo, a saber, facilitar, no dificultar, el tráfico de drogas en Panamá, que, como dije antes, era el segundo objetivo de la invasión de Panamá.

Tras las peticiones de derogación de las leyes de secreto en Panamá, en defensa de su posición, Ford dijo que no era necesario cambiar la ley: "El secreto no se utilizará para fines ilegales". Otros, como el Contralor, dijeron que Panamá no cambiaría ninguna ley.

"No deberíamos cambiar todo nuestro sistema legal por culpa de las drogas. No podemos cambiar todo nuestro sistema jurídico por una cosa, las drogas",

dijo Rubén Diaro Carlos. Nadie se atrevió a mencionar que eso era exactamente lo que había hecho Noriega, y la razón principal por la que tuvo que ser destituido por la fuerza.

El 31 de diciembre de 1989, el prestigioso periódico brasileño *Jornal do Brasil*, el más importante del país, publicó un artículo en primera página titulado "Relaciones peligrosas con los narcotraficantes", en el que mencionaba los nombres de algunos de los miembros del "círculo íntimo" del gobierno de Bush en Panamá. Estos fueron los hombres que dijeron antes del veredicto en el juicio de Noriega en Miami:

"... si el general Noriega es absuelto en Miami, será acusado de asesinato".

Traduje el artículo, que básicamente decía que Guillermo Endara sería especialmente vulnerable por sus vínculos con Carlos Eleta, "acusado de lavar 600 kilos de cocaína y de blanquear dinero del narcotráfico en Estados Unidos". El artículo también mencionaba el nombre del hermano del vicepresidente Calderón, Jaime Calderón, quien tenía vínculos con el First Inter Americas Bank, propiedad de Gilberto Orejula, quien fue acusado en 1985 de transferir 46 millones de dólares, producto de la venta de drogas, a la sucursal del Banco Cafetero Panamá en Nueva York. Según el artículo, Billy Ford estaba involucrado con el embajador en Washington, Carlos Rodríguez, y Bobby Eisenmann en el lavado de fondos de la droga a través del Dadeland National Bank en Florida.

En un subtítulo, se describe a Guillermo Endara como "Un miserable peón en el juego del americano". El artículo dice: "La endara se llama pan dulce, gordo y blando". El artículo continúa diciendo que Endara es una de las familias pobres de la oligarquía blanca, presente en la escena desde 1904:

> Endara comenzó su vida política como un oscuro abogado en la ciudad de Panamá en la oficina de Galileo Soliz, ministro de Asuntos Exteriores en uno de los gobiernos de Anulfo Arias... Endara nunca tuvo ideas propias, era leal como un cachorro y repetía lo que decía Arias, por eso probablemente Bush lo eligió para ser su "yes man".

¿Era este el tipo de hombres que Bush quería al frente de Panamá? Aparentemente sí, y sin embargo, aunque hay muchas razones para señalar al "gobierno de Bush" en Panamá, no se presentó ni una sola prueba en los tribunales para implicar a Manuel Noriega. ¿No debería un gran jurado estadounidense haber investigado este caso hace tiempo? ¿Es ésta una de las razones por las que Noriega estuvo incomunicado durante tanto tiempo? ¿Tenía el Departamento de Justicia miedo de lo que pudiera decir Noriega en el estrado?

Los acontecimientos en Panamá demuestran lo falsa que era la guerra de Bush contra las drogas. No hay mucha gente que no lo crea, y por supuesto esa es la mayor ventaja que tienen los defensores de la legalización de las drogas. Su actitud es: "Mira, ni siquiera los vastos recursos de Estados Unidos son suficientes para detener el tráfico de drogas. ¿Por qué intentar luchar contra lo inevitable? ¿Por qué no hacer leyes que centralicen el control y quiten las drogas de las manos de los elementos criminales? "Hay quienes presionan al Congreso y amenazan con una guerra civil si no se hace rápidamente. La constante proyección en los telediarios nocturnos de la "brutalidad policial" supuestamente dirigida principalmente contra los pobres en las principales ciudades estadounidenses está teniendo el efecto deseado. No hay que imaginarse que estos informes son "noticias". La meta y el objetivo de las principales cadenas de noticias durante este periodo era hacer entender a los pobres que eran víctimas de la brutalidad policial mientras los "grandes", normalmente blancos, se salían con la suya. Los líderes negros exigen que se elimine la "presión" sobre la población negra o que se legalicen las drogas.

La invasión de Panamá dio al lobby de la droga una base sobre la que construir. "Si no se detiene el flujo de drogas, ¿cómo va a hacer frente la policía?", se preguntaron. Uno de los líderes pro-droga, Andrew Weill, dijo en una conferencia de la Drug Policy Foundation que, debido a la brutalidad policial contra los negros urbanos en las redadas de drogas, podría estallar una guerra civil en cualquier momento. Ira Glasser, director ejecutivo de la Unión Americana de Libertades Civiles, dijo a la audiencia que la legalización de las drogas se ha convertido en una cuestión de derechas, apoyada por personalidades como George Schultz, William F. Buckley y Milton Friedman. Glasser instó a la nación a "superar los aspectos negativos y empezar a convencer a la policía, los legisladores y el público" de la idea de legalizar las drogas.

Kevin Zeese, vicepresidente y consejero general de la Drug Policy Foundation, dijo:

> La guerra contra las drogas es más dañina que las drogas. A eso se reduce más o menos el balance. ¿Es la guerra contra las drogas más peligrosa para nuestra sociedad que las drogas? ¿Podemos abordar el problema de las drogas de una manera menos costosa para nuestra sociedad, no sólo en términos económicos, sino también en términos humanos?

Zeese continuó diciendo que la heroína era una forma de escapar del sufrimiento, lo cual, aunque no era partidario, podía entender. Ahora que el secuestrado general Noriega languidece en una prisión federal de Miami, ¿qué piensa hacer el Departamento de Justicia de Bush con él?

Una de las cosas que me desconcierta es el silencio ensordecedor de las organizaciones de defensa de las libertades civiles de este país y de todo el mundo sobre los crímenes cometidos contra él por el gobierno de Estados Unidos. Uno podría imaginar que el secuestro de un jefe de Estado provocaría rugidos de protesta de estos guardianes de la libertad. Sin embargo, no ocurrió nada de eso. Imagínese lo que habría ocurrido si Nelson Mandela hubiera sido secuestrado en Sudáfrica y llevado, por ejemplo, a Italia para ser juzgado. Habría habido un clamor y un alboroto interminables hasta que Mandela fuera liberado. El secuestro y encarcelamiento ilegal de Noriega pone de manifiesto que tenemos un doble rasero deplorable en este país, que aparentemente al pueblo estadounidense no le parece tan malo, ¿o es que le han lavado el cerebro con la prensa?

¿Por qué se retrasó tanto el juicio del general Noriega? Al fin y al cabo, ya se habían cometido todas las posibles violaciones de sus derechos, como la vigilancia de las conversaciones telefónicas con su abogado y la congelación de sus fondos para que tuviera que aceptar un abogado de oficio. Además, dado que Estados Unidos ejerce un control total y sin restricciones sobre Panamá, cabe imaginar que el Departamento de Justicia disponía de las pruebas documentales necesarias para procesarlo con éxito. ¿Por qué este largo e indecoroso retraso? ¿Acaso la justicia retrasada no es justicia denegada?

El 16 de noviembre de 1990, Noriega hizo una declaración al juez William Hoevler que merece ser repetida, ya que muestra cómo se ha prostituido la justicia en el caso Noriega:

"Ahora estoy a merced de un sistema totalmente injusto y desleal, que elige a mis fiscales, y ahora elige a mi abogado defensor. Cuando me trajeron a Estados Unidos, creí erróneamente que tendría un juicio justo. Para ello, también creía que podía utilizar mi dinero para contratar a los abogados que quisiera. Es dolorosamente obvio que el gobierno de Estados Unidos no quiere que pueda defenderme y ha hecho todo lo posible para negarme un juicio justo y el debido proceso.

Me quitaron el dinero, me privaron de mis abogados, me filmaron en mi celda, intervinieron mis conversaciones telefónicas con mis abogados e incluso se las dieron al gobierno de Endara y a la prensa. El gobierno estadounidense ignoró mi condición de prisionero de guerra y violó la Convención de Ginebra.

Lo peor es que no actuaron de forma humanitaria. A pesar de las reiteradas peticiones de la Cruz Roja Internacional, violaron mis derechos humanos al negar a mi esposa e hijos los visados para visitar a su marido y a su padre, lo que constituye una vergonzosa violación del derecho internacional.

Evidentemente, al gobierno estadounidense le interesa que no pueda defenderme, porque lo que ellos temen, yo lo sé. Este no es un caso de drogas. Me doy cuenta de que este caso tiene implicaciones en los niveles más altos del gobierno estadounidense, incluida la Casa Blanca.

Nunca me hice ilusiones de que este caso fuera a ser una lucha justa, pero tampoco esperaba que un ejército virtual de fiscales e investigadores estuviera en un campo de batalla tan desigual y que sólo se permitiera a los abogados que no cobran nada y que sólo pueden llevar armas mientras la fiscalía tiene armas nucleares. Lo llaman una lucha justa; la batalla que se avecina es muy similar a la que libraron los Estados Unidos cuando invadieron mi país. Aquello fue unilateral e injusto, y esta batalla también lo es. "

La situación en la que se encontraba Noriega era la situación en la que todo estadounidense podría enfrentarse un día a un gobierno corrupto y embrutecido. La situación de Noriega convirtió en una burla el 4 de julio. Es una burla a la Constitución de los Estados Unidos. Mientras tanto, no se oye ni una sola voz defendiendo a Noriega, y para mí, eso es una de las cosas más vergonzosas de una situación vergonzosa. Esta no es una situación que se pueda ignorar, porque lo que ocurrió con Noriega es responsabilidad de todos los estadounidenses. Lo que los medios de comunicación han ignorado en gran medida es el hecho de que al invadir Panamá y secuestrar al general Noriega, Estados Unidos violó no sólo la Constitución estadounidense, sino también la carta de la Organización de Estados Americanos (OEA) de la que es signatario, incluidos los artículos 18, 15, 20 y 51.

El artículo 18 establece:

> Ningún Estado o grupo de Estados tiene derecho a intervenir, directa o indirectamente, por cualquier motivo, en los asuntos internos o externos de otro Estado.

El artículo 20 establece:

> El territorio de un Estado es inviolable; no puede ser objeto, ni siquiera temporalmente, de ocupación militar u otras medidas de fuerza por parte de otro Estado.

Ya he mencionado que Bush no obtuvo una declaración de guerra del Congreso antes de invadir Panamá. En cambio, Bush optó por eludir la Constitución informando al Congreso de que invocaba la Ley de Emergencias Nacionales debido a una emergencia nacional causada por

> "una amenaza inusual y extraordinaria para la seguridad nacional y la política exterior de los Estados Unidos planteada por la República de Panamá".

Esta supuesta ley es una farsa total, una "tabula raza", un trozo de papel sin valor diseñado únicamente para subvertir la Constitución estadounidense.

El Presidente mintió al público estadounidense cuando dijo el 20 de diciembre de 1989:

> "El viernes pasado, el general Noriega declaró a su dictadura militar en estado de guerra con Estados Unidos. "

De hecho, no había ni una sola prueba que apoyara una acusación tan absurda.

En resumen, era una mentira descarada. A pesar de todo lo que el Presidente hizo o dijo, no consiguió una declaración de guerra contra Panamá, que repetiría enviando a esa nación a la guerra con Irak, y que probablemente vería el comienzo de la muerte de la Constitución de los Estados Unidos.

Otra mentira del Presidente fue su afirmación del 20 de diciembre de que

> "Las temerarias amenazas y ataques del general Noriega contra los estadounidenses en Panamá han creado un peligro inminente para los 35.000 ciudadanos estadounidenses en Panamá".

La verdad es que sólo hubo un ataque contra personal militar estadounidense, que fue el resultado del plan de enfrentamiento deliberado ordenado por el general Cisneros. Esa única tragedia ocurrió cuando tres marines estadounidenses atravesaron tres puestos de control diferentes de la PDF. Tras ser detenidos en el cuarto, se produjo un altercado entre la PDF y los marines que no llevaban uniforme.

Los marines huyeron entonces y, tras pedirles repetidamente que se detuvieran, se produjeron disparos, uno de los cuales resultó mortal. El presidente Bush es el culpable de la muerte de este soldado. Sólo en esta tragedia, Bush basó su absurda afirmación de que el general Noriega había declarado la guerra a Estados Unidos y "amenazaba la integridad de los tratados del Canal de Panamá". Lo que el Secretario Cheney dijo a la opinión pública estadounidense fue que la administración Bush tenía preparados los planes de invasión desde marzo de 1989.

El propio secretario Cheney tiende a confirmarlo cuando dijo el 20 de diciembre:

> "La orden se dio a última hora del domingo para poner en marcha el plan que ya estaba en marcha desde hace tiempo. Fue una de las primeras cosas de las que me informaron cuando me convertí en Secretario de Defensa la pasada primavera. "

Cheney era un alborotador empedernido, un maestro del engaño, y Estados Unidos está destinado a perder gran parte de su tesoro y de sus hijos por culpa de la duplicidad de este hombre. Se le debería prohibir ocupar cualquier cargo público en el futuro. Otra mentira de la administración fue el anuncio hecho por Marlin Fitzwater, hablando en nombre del Presidente el 20 de diciembre de 1989. Fitzwater dijo a la nación que "la integridad de los tratados del Canal de Panamá está en riesgo". En la misma fecha, James Baker III declaró a la prensa que uno de los propósitos de la invasión estadounidense era "defender la integridad de los derechos de Estados Unidos en virtud del artículo IV de los Tratados del Canal de Panamá". Pero cuando se le pidió que enumerara exactamente qué amenazas había hecho Noriega contra la integridad de los tratados, Baker fue incapaz de dar ninguna. Su respuesta fue:

> "Bueno, es muy especulativo, salvo que... quiero decir con respeto que ya hemos dicho que prevemos que podría haber problemas con respecto al Canal si Noriega sigue manteniendo el poder de forma ilegítima. En cuanto a los desafíos a la integridad de nuestros derechos en los últimos dos o tres años, sólo me referiría al - en el último año - tal vez debería volver atrás, pero, en el último año, me referiría al patrón continuo de

acoso que hemos visto allí contra los estadounidenses en el ejercicio de nuestros derechos del tratado. "

Esta "prueba" torpe, a trompicones, inventada a toda prisa, de que Noriega había amenazado los derechos del canal estadounidense, fue lo mejor que pudo aportar Baker. Qué mal mentiroso resultó ser. Sin embargo, sobre la base de pruebas totalmente infundadas y sin respaldo presentadas por el presidente Bush, el secretario Cheney y el secretario Baker, esta nación cometió una invasión groseramente ilegal de un Estado soberano con el que tenía un tratado, y violó el derecho internacional y constitucional.

Al secuestrar al general Noriega, nuestro gobierno se ha rebajado al nivel de los piratas de la Costa de Berbería y, al hacerlo, ha pisoteado la Constitución estadounidense y el derecho internacional. Nos guste o no, aunque estas palabras parezcan duras y mojigatas, los hechos son los hechos y no se pueden negar. Como nación, todos somos igualmente responsables, junto con el presidente Bush, de la conducta anárquica de su administración, porque nos mantuvimos al margen y permitimos que ocurriera sin ni siquiera un gemido de protesta.

El presidente Bush dijo a los estadounidenses en antena que una de las razones por las que ordenó la invasión de Panamá fue "para defender la democracia".

Aunque ninguno de nosotros se dio cuenta, ésta iba a ser una de las excusas para entrar en guerra con Irak. Había que salvar la democracia en Irak, independientemente de que nunca antes hubiera habido ningún atisbo de ella en esa dictadura. Por cierto, Estados Unidos no es una democracia, sino una República. Tampoco somos los policías del mundo.

¡Ya no somos una nación de leyes desde nuestra guerra genocida contra Irak! La democracia estaba viva en Panamá. A pesar de dos años de burda, a menudo grosera y descarada injerencia en los asuntos internos de Panamá, en flagrante violación del tratado de la OEA del que Estados Unidos es signatario, y a pesar de al menos dos intentos criminales de asesinar al general Noriega en mayo de 1989, se celebraron elecciones nacionales.

¿Cuál fue la reacción del presidente Bush? Apoyado fuertemente por los chacales de los medios de comunicación, el gobierno de Bush gastó más de 11 millones de dólares para apoyar la plataforma opositora de Endara, Billy Ford y Calderón, fuertemente cargada de drogas.

Basándose en su experiencia con las elecciones filipinas, en las que participaron todas las ramas del gobierno estadounidense, incluidos nuestros servicios de inteligencia, Bush ordenó el despliegue del "escenario Marcos" contra el pueblo de Panamá. La banda Endara, financiada por Bush, desató una ola de disturbios, robó las urnas para que no se pudieran contar los votos, mientras gritaba a voz en cuello que los votos habían sido "manipulados". Fue una espeluznante repetición de las elecciones filipinas, con "observadores internacionales" pagados por prostitutas y el habitual cuerpo de chacales de los medios de comunicación, todos gritando su apoyo a estas mentiras y un ominoso presagio de lo que vendrá en los propios Estados Unidos.

En medio del caos creado por Bush y sin poder contar los votos, el gobierno panameño hizo lo que cualquier otro gobierno hubiera hecho, anular las elecciones. No podía ser de otra manera, dadas las operaciones de sabotaje masivo y generalizado llevadas a cabo por la administración Bush. Al menos, eso es lo que Bush esperaba que ocurriera. Incluso entonces, el gobierno panameño estaba ansioso por demostrar al mundo que estaba tratando de hacer lo correcto. Ofreció a la banda opositora Endara, que está contaminada por la droga, la oportunidad de participar en un gobierno de coalición.

Por consejo de Washington, esta generosa oferta fue rechazada por el "pobre peón blanco" Endara. Como vimos en las "negociaciones" de Irak, Bush estaba decidido a destruir la PDF, secuestrar a Noriega y ocupar Panamá, y ninguna cantidad de buena voluntad ofrecida por hombres justos iba a impedirle lograr sus objetivos. En realidad, bajo la administración Bush, Estados Unidos se ha convertido en la nación más malvada del mundo, una verdadera tiranía despótica.

En uno de los actos más sorprendentes y descarados de su carrera, el presidente Bush declaró a la banda Endara, implicada en el tráfico de drogas, como "gobierno oficial de Panamá". Estos hombres, tan implicados en los bancos de blanqueo de drogas, prestaron "juramento" en una base militar estadounidense. Si alguna vez hubo una ley de la selva, fue ésta. Luego, 45 minutos después, Estados Unidos invadió la nación soberana de Panamá en uno de los actos de agresión más flagrantes de este siglo. Si esto era la democracia en acción, entonces que Dios ayude a Estados Unidos, porque lo que ocurrió en Panamá se repetirá sin duda dentro del país y, de hecho, en todas partes, ya que el Partido Republicano se convierte en el partido constructor del imperio.

Hemos permitido que el mal triunfe al elegir permanecer en silencio. Hemos sido indiferentes al sufrimiento de otras naciones a manos de Estados Unidos, así que cuando nos llegue el turno, sólo podremos culparnos a nosotros mismos. Nuestra falta de protesta, incluso nuestra aprobación de la ley de la selva en acción en Panamá e Irak, nos hace merecedores del castigo de Dios Todopoderoso, que seguramente vendrá sobre esta nación por nuestra tolerancia a las malas acciones. En todos los lugares a los que viajo veo carteles y vallas publicitarias: "God Bless America" y tengo que preguntarme por qué Dios bendeciría a Estados Unidos cuando se hace tanto mal en su nombre.

Otra excusa para la invasión de Panamá esgrimida por el presidente Bush fue que íbamos a Panamá "para luchar contra el tráfico de drogas". Esto es lo que Bush tuvo la audacia de decir el 20 de diciembre de 1989, mientras preparaba su "discurso de Navidad" al pueblo de Panamá y de Estados Unidos. Una revisión de los archivos de la DEA pronto revelaría que John Lawn, el antiguo jefe de la DEA, había citado con frecuencia en términos elogiosos la plena cooperación que había recibido del general Noriega, la PDF y el gobierno panameño. Durante el mandato del general Noriega, el problema de las drogas había disminuido considerablemente.

El 27 de mayo de 1989, John Lawn escribió a Noriega para

felicitarle por la valiosa ayuda que había recibido en la exitosa incautación de las cuentas bancarias de los narcotraficantes, que Lawn describió como "la operación encubierta más exitosa en la historia de la Policía Federal".

Dijo Lawn:

> "Una vez más, la DEA de Estados Unidos y las autoridades policiales de la República de Panamá han unido sus fuerzas para asestar un golpe eficaz a los narcotraficantes... "

Su compromiso personal con la OPERACIÓN POISSON y los competentes e incansables esfuerzos profesionales de otros funcionarios de la República de Panamá fueron esenciales para el éxito de esta investigación.

Los narcotraficantes de todo el mundo saben ahora que el producto y los beneficios de sus actividades ilegales no son bienvenidos en Panamá.

No es de extrañar que los lores y las damas de Inglaterra y los habitantes de los bancos de Wall Street con traje de raya diplomática empezaran a preocuparse. No es de extrañar que Rockefeller ordenara a Bush deshacerse de Noriega y del gobierno panameño lo antes posible. ¡Noriega era realmente serio y sincero en su guerra contra las drogas! Aunque afirmó que Noriega era un narcotraficante, el presidente Bush nunca aportó ninguna prueba que respaldara sus afirmaciones.

De hecho, Adam Murphy, que dirigió el Grupo de Trabajo de Florida bajo el Sistema Nacional de Interdicción de Narcóticos en la Frontera (NNBIS), declaró categóricamente que

> "A lo largo de mi mandato en el NNBIS y en el Grupo de Trabajo del Sur de Florida, nunca vi ninguna información de inteligencia que sugiriera que el General Noriega estuviera involucrado en el tráfico de drogas. De hecho, siempre hemos puesto a Panamá como modelo de cooperación con Estados Unidos en la lucha contra las drogas. Recuerde que una acusación del gran jurado en este país no es una condena. Si el caso Noriega llega a juicio, revisaré las pruebas y las conclusiones del jurado, pero hasta que eso ocurra, no tengo pruebas directas de la participación del general. Mi experiencia es la contraria. "

LA GUERRA DE LAS DROGAS CONTRA AMÉRICA

Sin embargo, a pesar de las elogiosas recomendaciones de John Lawn para el general Noriega y el gobierno panameño en su carta del 27 de mayo de 1987, menos de un mes después Bush organizó una revuelta contra el gobierno legítimo de Panamá. Carlos Eleta y sus socios comerciales, incluido Endara, el peón, recibieron inmediatamente el apoyo de los militares estadounidenses en Panamá. Vimos el mismo modus operandi en Irán con la ruin destitución del primer ministro Mossadegh durante la investigación del general estadounidense Hauser.

Esta repugnante violación del tratado de la OEA no fue protestada por nadie en este país. Pat Robertson, el televangelista, y todos sus asociados amantes de la libertad han permanecido en silencio ante la probada anarquía del gobierno estadounidense. Por lo tanto, nos merecemos lo que vamos a tener cuando el gobierno gire sus políticas sin ley hacia dentro y las utilice internamente contra sus ciudadanos. Fue el éxito del gobierno panameño de Noriega en desarraigar a la mafia de la droga de Panamá, llevado a cabo sobre la base de que creía tontamente que Estados Unidos estaba realmente involucrado en una guerra contra la droga, y por un sincero deseo de cumplir con sus obligaciones del tratado de la OEA con Estados Unidos, lo que causó la caída del gobierno panameño y del general Noriega. Permitir que el Presidente Bush se burle de la Constitución de los Estados Unidos, será también el fin de los Estados Unidos tal y como los conocemos.

El "crimen" del que son culpables Noriega y su gobierno es que han hecho su trabajo demasiado bien y al hacerlo han pisoteado fuertemente los pies de Dope International Limited y de los señores, señoras y caballeros que se sientan en su consejo de administración. Que esto sirva de lección a todos aquellos que creen que la administración Bush está realmente comprometida en una guerra contra las drogas. Es una guerra falsa, nada más y nada menos, y como han dicho varios agentes de campo de la DEA, incluido uno que se enfrentó a La Corporación, el enorme cártel boliviano de la cocaína, y a sus socios mexicanos, descubrieron por las malas que era más probable ser "retirado que alabado" si te acercabas demasiado a los altos cargos del narcotráfico, o sufrir a manos de un tirano y que tu destino fuera resuelto por un tribunal de marionetas.

La situación en Panamá en 2009 es que la droga fluye más libremente que nunca; y los bancos de lavado de dinero de la droga operan más libremente. La economía del país está en ruinas y a la espera de una inyección estadounidense de millones de dólares, pero nada de esto importa realmente. Lo que importa es que la "democracia" ha triunfado en el país. ¡Que esto sirva de lección a todos los países latinoamericanos! Que sirva de lección a todas las naciones, que si esto continúa, ninguna nación del mundo estará a salvo. Cuando te conviertes en amigo de los Estados Unidos, puedes perder tu país.

Capítulo 5

El papel de Pakistán en la guerra contra las drogas

L a Liga Musulmana formó el primer gobierno de Pakistán bajo el liderazgo de Muhammad Ali Jinnah y Liaquat Ali Khan.

El liderazgo de la Liga Musulmana en la política pakistaní disminuyó considerablemente con el ascenso de otros partidos políticos, especialmente el Partido Popular de Pakistán (PPP) en Pakistán Occidental y la Liga Awami en Pakistán Oriental, que condujo a la creación de Bangladesh. La primera Constitución de Pakistán se aprobó en 1956, pero fue suspendida en 1958 por Ayub Khan. La Constitución de 1973, suspendida en 1977 por Zia-ul-Haq, fue restablecida en 1991 y es el documento más importante del país, ya que sienta las bases del gobierno.

Pakistán es una república democrática federal cuya religión estatal es el Islam. El sistema semipresidencial incluye una legislatura bicameral con un Senado de 100 miembros y una Asamblea Nacional de 342 miembros.

El Presidente es el jefe de Estado y comandante en jefe de las fuerzas armadas. Es elegido por un colegio electoral.

El Primer Ministro suele ser el líder del partido más grande de la Asamblea Nacional. Cada provincia tiene un sistema de gobierno similar, con una Asamblea Provincial elegida directamente, en la que el líder del partido o alianza más grande se convierte en Ministro Principal. Los gobernadores provinciales son nombrados por el Presidente.

El ejército pakistaní ha desempeñado un papel influyente en la política general a lo largo de la historia de Pakistán, con presidentes militares en el poder de 1958 a 1971, de 1977 a 1988 y desde 1999. El PPP de izquierdas, dirigido por Zulfikar Ali Bhutto, se convirtió en un actor político importante en la década de 1970. Bajo el régimen militar de Muhammad Zia-ul-Haq, Pakistán inició un marcado cambio de las políticas seculares de la época británica a la adopción de la Sharia y otras leyes basadas en el Islam.

En la década de 1980, el Movimiento Muttahida Qaumi (MQM), un movimiento antifeudal y pro Muhajir, fue lanzado por urbanitas poco ortodoxos y educados en Sindh y, en particular, en Karachi. La década de 1990 se caracterizó por una política de coalición dominada por el PPP y una rejuvenecida Liga Musulmana.

En las elecciones generales de octubre de 2002, la Liga Musulmana de Pakistán (PML-Q) obtuvo una pluralidad de escaños en la Asamblea Nacional, siendo el segundo grupo más numeroso el de los parlamentarios del Partido Popular de Pakistán (PPPP), un subpartido del PPP. Zafarullah Khan Jamali, de la PML-Q, se convirtió en Primer Ministro, pero dimitió el 26 de junio de 2004 y fue sustituido por el líder de la PML-Q, Chaudhry Shujaat Hussain, como Primer Ministro interino. El 28 de agosto de 2004, la Asamblea Nacional votó, por 191 votos a favor y 151 en contra, la elección del Ministro de Finanzas y ex vicepresidente de Citibank, Shaukat Aziz, como Primer Ministro. Muttahida Majlis-e-Amal, una coalición de partidos religiosos islámicos, ganó las elecciones en la Provincia de la Frontera Noroeste y aumentó su representación en la Asamblea Nacional.

Pakistán es un miembro activo de la Organización de las Naciones Unidas (ONU) y de la Organización de la Conferencia Islámica (OCI), esta última ha sido utilizada por Pakistán como foro para la moderación ilustrada, un plan para promover el renacimiento y la iluminación en el mundo musulmán. Pakistán también es miembro de las principales organizaciones regionales, la Asociación de Cooperación Regional de Asia Meridional (SAARC) y la Organización de Cooperación

Económica (ECO). En el pasado, Pakistán ha tenido una relación mixta con Estados Unidos, especialmente a principios de la década de 1950, cuando Pakistán era el "mayor aliado de Estados Unidos en Asia" y miembro de la Organización del Tratado Central (CENTO) y de la Organización del Tratado del Sudeste Asiático (SEATO).

Durante la guerra soviético-afgana de la década de 1980, Pakistán fue un aliado crucial de Estados Unidos, pero las relaciones se deterioraron en la década de 1990 cuando Estados Unidos aplicó sanciones debido a las sospechas sobre las actividades nucleares de Pakistán. Los atentados del 11 de septiembre y la posterior guerra contra el terrorismo propiciaron una mejora de los vínculos entre Estados Unidos y Pakistán, sobre todo después de que este país pusiera fin a su apoyo al régimen talibán de Kabul. Esto se reflejó en un aumento drástico de la ayuda militar estadounidense, que hizo que Pakistán recibiera 4.000 millones de dólares más en los tres años posteriores a los atentados del 11-S que en los tres años anteriores.

Pakistán mantiene desde hace tiempo una relación difícil con su vecina India. La disputa por Cachemira condujo a guerras a gran escala en 1947 y 1965. La guerra civil de 1971 se convirtió en la Guerra de la Independencia de Bangladesh y en la Guerra Indo-Pakistaní de 1971. Pakistán realizó pruebas de armas nucleares en 1998 para contrarrestar las pruebas de explosión nuclear de India, denominadas "Buda sonriente" en 1974 y Pokhran-II en 1998, respectivamente, y se convirtió en el único Estado musulmán con armas nucleares. Las relaciones con India han mejorado constantemente tras las iniciativas de paz de 2002. Pakistán mantiene estrechas relaciones económicas, militares y políticas con la República Popular China.

Pakistán también se enfrenta a la inestabilidad en las Áreas Tribales de Administración Federal, donde algunos líderes tribales apoyan a los talibanes. Pakistán ha tenido que desplegar el ejército en estas zonas para sofocar los disturbios locales en Waziristán. El conflicto de Waziristán terminó con un acuerdo de paz recientemente declarado entre los líderes tribales y el gobierno pakistaní, que debería traer estabilidad a la región. Además, el país se enfrenta desde hace tiempo a la inestabilidad en Baluchistán, su mayor provincia por tamaño pero la más pequeña por población.

El ejército se desplegó para luchar contra una grave insurgencia en la provincia de 1973 a 1976. La estabilidad social se reanudó después de que Rahimuddin Khan fuera nombrado administrador de la ley marcial a partir de 1977. Tras una relativa paz en las décadas de 1980 y 1990, algunos influyentes líderes tribales baloch resucitaron un movimiento separatista cuando Pervez Musharraf llegó al poder en 1999. En un incidente ocurrido en agosto de 2006, Nawab Akbar Bugti, líder de la insurgencia baloch, fue asesinado por las fuerzas militares paquistaníes. El 3 de noviembre de 2007, el presidente Musharraf declaró el estado de excepción en todo Pakistán y pretendió suspender la Constitución, imponiendo la ley marcial.

En Islamabad, las tropas habrían entrado en el Tribunal Supremo y rodeado las casas de los jueces. Los líderes de la oposición, como Benazir Bhutto e Imran Khan, fueron puestos bajo arresto domiciliario. El juez Abdul Hameed Dogar fue nombrado nuevo Presidente del Tribunal Supremo de Pakistán, debido a la negativa de Iftikhar Muhammad Chaudhry a refrendar la Ordenanza de Emergencia, declarándola inconstitucional, aunque él mismo había jurado su cargo bajo el régimen de la OCP en 1999. En respuesta, Pakistán fue suspendido de los Consejos de la Mancomunidad de Naciones el 22 de noviembre de 2007.

En los últimos años, militantes islamistas de la organización Tehreek-e-Nafaz-e- Shariat-e-Mohammadi (TNSM), dirigida por el clérigo radical Maulana Fazlullah, se han rebelado contra el gobierno paquistaní en Swat, en la provincia de la Frontera Noroeste. En 59 pueblos, los militantes han establecido un "gobierno paralelo" con tribunales islámicos que imponen la sharia.

Tras el fin de una tregua de cuatro meses a finales de septiembre de 2007, se reanudaron los combates. La Policía de Fronteras, de carácter paramilitar, se había desplegado en la región para sofocar la violencia, pero parecía ineficaz.

El 16 de noviembre de 2007, los militantes habrían tomado la sede del distrito de Alpuri en la cercana ciudad de Shangla. La policía local huyó sin resistir el avance de las fuerzas militantes, entre las que, además de militantes locales, había voluntarios uzbekos, tayikos y chechenos.

Para hacer retroceder a la militancia y restablecer el orden, el gobierno pakistaní desplegó una fuerza del ejército regular pakistaní, que consiguió reconquistar el territorio perdido, enviando a los islamistas de vuelta a sus escondites en las montañas, pero los ataques suicidas contra el ejército continuaron.

Se ha informado de que el Mando de Operaciones Especiales de Estados Unidos está estudiando alternativas para prestar una ayuda eficaz a Pakistán con respecto a ésta y otras insurgencias vinculadas a Al Qaeda en las zonas tribales de Pakistán, pero las perspectivas siguen siendo inciertas, incluso después de un estudio especial realizado en 2008.

La difunta Benazir Bhutto fue la primera mujer elegida para dirigir un Estado musulmán poscolonial. Fue elegida dos veces Primera Ministra de Pakistán. Juró su cargo por primera vez en 1988, pero fue destituida 20 meses después por orden del entonces presidente Ghulam Ishaq Khan por presunta corrupción.

En 1993, Bhutto fue reelegido, pero volvió a ser destituido en 1996 por motivos similares. En 1998, Bhutto se exilió en Dubai, donde permaneció hasta su regreso a Pakistán el 18 de octubre de 2007, después de que el general Musharraf aprobara una ley especial que la absolvía de todos los cargos de corrupción, por la que se le concedía la amnistía y se retiraban todos los cargos de corrupción. Hija mayor del ex primer ministro Zulfikar Ali Bhutto -un pakistaní de origen sindhi- y de Begum ("Lady") Nusrat Bhutto, una pakistaní de origen iraní-kurdo, fue acusada por su sobrina Fatima Bhutto de flagrante corrupción y de ser responsable, junto con su marido Asif Zardari, del asesinato de su hermano Murtaza Bhutto en 1996.

Tras dos años de escolarización en el Convento de la Presentación de Rawalpindi, Bhutto fue enviada al Convento de Jesús y María de Murree. Aprobó su examen de nivel A a los 15 años, ya que la edad habitual es de 17 años. Tras completar su educación primaria en Pakistán, asistió a la Universidad de Harvard, donde se graduó cum laude en gobierno comparado.

La siguiente fase de su formación tuvo lugar en el Reino Unido. Entre 1973 y 1977, Bhutto estudió filosofía, política y economía en Lady Margaret Hall, Oxford. Hizo un curso de derecho internacional y diplomacia en Oxford. En diciembre de 1976 fue elegida Presidenta de la Unión de Oxford, convirtiéndose en la primera mujer asiática en dirigir la prestigiosa sociedad de debate. El 18 de diciembre de 1987 se casó con Asif Ali Zardari en Karachi. De este matrimonio nacieron tres hijos. El padre de Benazir Bhutto, el ex primer ministro Zulfikar Ali Bhutto, fue destituido como primer ministro en 1975 por cargos de corrupción similares a los que Benazir Bhutto se enfrentaría posteriormente.

En un juicio celebrado en 1977, Zulfikar Ali Bhutto fue condenado a muerte por conspirar para asesinar al padre del político disidente Ahmed Raza Kasuri. Aunque la acusación fue "ampliamente cuestionada por el público", y a pesar de los numerosos llamamientos a la clemencia por parte de líderes extranjeros, incluido el Papa, Bhutto fue ahorcado el 4 de abril de 1979. Las peticiones de clemencia fueron rechazadas por el entonces presidente, el general Muhammad Zia-ul-Haq. Benazir Bhutto y su madre fueron retenidas en un "campo policial" hasta finales de mayo, tras la ejecución de su padre.

En 1980, su hermano Shahnawaz fue asesinado en circunstancias sospechosas en Francia. El asesinato de otro de sus hermanos, Mir Murtaza, en 1996 contribuyó a desestabilizar su segundo mandato como primera ministra. Bhutto, que había regresado a Pakistán tras completar sus estudios, se encontró bajo arresto domiciliario tras el encarcelamiento y posterior ejecución de su padre. Se le permitió regresar a Gran Bretaña en 1984 y se convirtió en líder en el exilio del partido PPP de su padre, aunque sólo pudo hacer sentir su presencia política en Pakistán tras la muerte del general Muhammad Zia-ul-Haq. Había sucedido a su madre como líder del Partido Popular de Pakistán y de la oposición prodemocrática al régimen de Zia-ul-Haq.

El 16 de noviembre de 1988, en las primeras elecciones abiertas en más de una década, el PPP de Benazir obtuvo el mayor número de escaños en la Asamblea Nacional. El 2 de diciembre de 1998, Bhutto prestó juramento como Primera Ministra de un gobierno de coalición, convirtiéndose a los 35 años en la persona más joven -y la primera mujer- en presidir el gobierno de un Estado de mayoría musulmana en los tiempos modernos.

Pero su gobierno fue destituido en 1990 por cargos de corrupción, por los que nunca fue juzgada. Nawaz Sharif, el protegido de Zia, llegó entonces al poder. Bhutto fue reelegida en 1993, pero fue destituida tres años después en medio de un cúmulo de escándalos de corrupción por el entonces presidente Farooq Leghari, que utilizó los poderes discrecionales de la Octava Enmienda para disolver su gobierno. El Tribunal Supremo confirmó la destitución del Presidente Leghari en una sentencia de 6-1.

En 2006, Interpol emitió una solicitud de detención de Benazir y su marido. Gran parte de las críticas a Benazir procedían de las élites del Punjab y de las poderosas familias terratenientes que se oponían a Bhutto por haber impulsado a Pakistán hacia una reforma nacionalista a costa de los intereses de los señores feudales, a los que culpaba de la desestabilización de su país. Tras ser destituida por el Presidente de Pakistán por corrupción, su partido perdió las elecciones de octubre. Fue líder de la oposición mientras Nawaz Sharif se convertía en Primer Ministro durante los tres años siguientes. En octubre de 1993 se celebraron nuevas elecciones y su coalición del PPP resultó victoriosa, lo que devolvió a Bhutto al poder. En 1996, su gobierno fue destituido de nuevo por corrupción.

Documentos franceses, polacos, españoles y suizos han dado

lugar a nuevas acusaciones de corrupción contra Benazar y su marido, y ambos han sido objeto de varios procedimientos judiciales, incluida una acusación de blanqueo de dinero a través de bancos suizos. Su marido, Asif Ali Zardari, pasó ocho años en prisión por cargos de corrupción similares. Zardari, que salió de la cárcel en 2004, ha sugerido que su estancia en prisión estuvo marcada por la tortura.

Un informe de investigación del *New York* Times de 1998 indica que las autoridades paquistaníes disponían de documentos que descubrían una red de cuentas bancarias, todas ellas vinculadas al abogado de la familia en Suiza, del que Asif Zardari era el principal accionista. Según el artículo, los documentos publicados por las autoridades francesas indican que Zardari ofreció derechos exclusivos a Dassault, un fabricante de aviones francés, para reemplazar los envejecidos aviones de combate de la fuerza aérea pakistaní, a cambio de una comisión del 5% que se pagaría a una empresa suiza controlada por Zardari. El artículo también afirma que una empresa de Dubai recibió una licencia exclusiva para importar oro a Pakistán, por lo que Asif Zardari recibió pagos de más de 10 millones de dólares en sus cuentas del Citibank con sede en Dubai. El propietario de la empresa ha negado haber realizado ningún pago a Zardari y afirma que los documentos son falsos.

Bhutto sostiene que las acusaciones contra ella y su marido son puramente políticas. "La mayoría de estos documentos son inventados", dice, "y las historias que se han contado en torno a ellos son absolutamente falsas". El informe del Auditor General de Pakistán (AGP) respaldó la afirmación de la Sra. Bhutto. Presenta información que sugiere que Benazir Bhutto fue expulsada del poder en 1990 tras una caza de brujas aprobada por el entonces presidente Ghulam Ishaq Khan. El informe de la AGP afirma que Khan realizó pagos ilegales por valor de 28 millones de rupias para archivar 19 casos de corrupción contra Bhutto y su marido en los años 1990-1993.

Los activos de Bhutto y su marido fueron debidamente examinados por los fiscales, que entonces alegaron que las cuentas bancarias suizas de Bhutto contenían 840 millones de dólares. Zardari también compró una mansión de estilo Tudor Revival y una finca valorada en más de 4 millones de libras en Surrey, Inglaterra, en el Reino Unido. Los investigadores pakistaníes han relacionado otras propiedades en el extranjero con la familia de Zardari. Entre ellas, una mansión de 2,5 millones de dólares en Normandía, propiedad de los padres de Zardari, que tenía un patrimonio modesto en el momento de su matrimonio. Bhutto ha negado tener activos importantes en el extranjero.

Hasta hace poco, Benazir Bhutto y su marido se enfrentaban a cargos de corrupción oficial relacionados con cientos de millones de dólares en "comisiones" por contratos y licitaciones del gobierno. Pero gracias a un acuerdo de reparto del poder negociado en octubre de 2007 entre Bhutto y Musharraf, Benazir y su marido obtuvieron la amnistía. Si esta decisión se mantiene, podría llevar a varios bancos suizos a "descongelar" las cuentas congeladas a finales de la década de 1990. En principio, la orden ejecutiva podría ser impugnada por el poder judicial, aunque el futuro de éste es incierto debido a los mismos acontecimientos recientes. El 23 de julio de 1998, el gobierno suizo entregó al gobierno pakistaní documentos relativos a las acusaciones de corrupción contra Benazir Bhutto y su marido. Los documentos incluían una acusación formal de blanqueo de dinero por parte de las autoridades suizas contra Zardari.

El gobierno pakistaní ha llevado a cabo una importante investigación para recuperar más de 13,7 millones de dólares congelados por las autoridades suizas en 1997, que supuestamente fueron ocultados en bancos por Bhutto y su marido. El gobierno pakistaní ha iniciado recientemente un proceso penal contra la Sra. Bhutto para rastrear unos 1.500 millones de dólares que ella y su marido habrían recibido en diversas empresas delictivas. Los documentos sugieren que el dinero que supuestamente blanqueó Zardari estaba a disposición de Benazir Bhutto y se había utilizado para comprar un collar de diamantes por más de 175.000 dólares.

El PPP respondió negando categóricamente las acusaciones, sugiriendo que las autoridades suizas habían sido engañadas por pruebas falsas proporcionadas por Islamabad. El 6 de agosto de 2003, los magistrados suizos declararon a Benazir y a su marido culpables de blanqueo de dinero. Se les impuso una condena de seis meses de prisión en suspenso, una multa de 50.000 dólares a cada uno y la obligación de pagar 11 millones de dólares al gobierno pakistaní.

El juicio, que duró seis años, concluyó que Benazir y Zardari habían depositado 10 millones de dólares en cuentas suizas que les había entregado una empresa suiza a cambio de un contrato en Pakistán. La pareja dijo que apelaría. Los investigadores pakistaníes afirman que Zardari abrió una cuenta en el Citibank de Ginebra en 1995, a través de la cual presuntamente canalizó unos 40 millones de dólares de los 100 millones que recibió en sobornos de empresas extranjeras que hacían negocios en Pakistán.

En octubre de 2007, Daniel Zappelli, fiscal del cantón de Ginebra, dijo que había recibido el lunes las conclusiones de una investigación sobre blanqueo de dinero contra la ex primera ministra pakistaní Benazir Bhutto, pero que no estaba seguro de que fuera a ser procesada en Suiza:

> El gobierno polaco entregó a Pakistán 500 páginas de documentos relacionados con las acusaciones de corrupción contra Benazir Bhutto y su marido. Los cargos se refieren a la compra de 8.000 tractores en una operación realizada en 1997. Según los funcionarios paquistaníes, los documentos polacos contienen detalles de las comisiones ilegales pagadas por la empresa de tractores a cambio de aceptar su contrato. Se alega que el acuerdo "desvalijó" 103 millones de rupias (2 millones de dólares) en sobornos.

Las pruebas documentales recibidas de Polonia confirman la trama de sobornos creada por Asif Zardari y Benazir Bhutto en nombre del lanzamiento del proyecto del tractor Awami.

Benazir Bhutto y Asif Ali Zardari recibieron supuestamente una comisión del 7,15% por estas compras a través de sus testaferros,

Jens Schlegelmilch y Didier Plantin, de Dargal S.A., que también recibieron aproximadamente 1,969 millones de dólares por el suministro de 5.900 tractores Ursus.

En el mayor pago descubierto por los investigadores, un comerciante de lingotes de oro de Oriente Medio habría depositado al menos 10 millones de dólares en una de las cuentas de Zardari, después de que el gobierno de Bhutto le concediera el monopolio de las importaciones de oro que alimentaban la industria joyera y el tráfico de drogas de Pakistán. El dinero fue supuestamente depositado en la cuenta del Citibank de Zardari en Dubai. La costa pakistaní del Mar Arábigo, que se extiende desde Karachi hasta la frontera con Irán, ha sido durante mucho tiempo un refugio para los contrabandistas de oro.

Hasta el comienzo del segundo mandato de Bhutto, este comercio, valorado en cientos de millones de dólares al año, no estaba regulado. Los fragmentos de oro, llamados galletas, y los lingotes más pesados se transportaban por avión entre el Golfo Pérsico y la costa paquistaní, en gran parte desprotegida. La desolada costa de Maccra es también el punto de entrega de enormes cargamentos de heroína y opio procedentes de Afganistán y es el pilar del comercio de oro con el Banco Británico de Oriente Medio, con sede en Dubai.

Poco después del regreso de Bhutto como primera ministra en 1993, un comerciante pakistaní de lingotes en Dubai, Abdul Razzak Yaqub, le propuso un acuerdo. A cambio del derecho exclusivo a importar oro, Razzak ayudaría al gobierno a regular el comercio. En noviembre de 1994, el Ministerio de Comercio pakistaní escribió a Razzak para informarle de que había obtenido una licencia que le convertía, al menos durante los dos años siguientes, en el único importador de oro autorizado de Pakistán.

En una entrevista en su oficina de Dubai, Razzak admitió que había utilizado la licencia para importar a Pakistán oro por valor de más de 500 millones de dólares y que había viajado a Islamabad varias veces para reunirse con Bhutto y Zardari. Pero negó que hubiera corrupción o acuerdos secretos. "No he pagado ni un céntimo a Zardari", dijo.

El Sr. Razzak afirma que alguien en Pakistán que quería destruir su reputación se encargó de que su empresa fuera identificada erróneamente como el depositante. "Alguien del banco cooperó con mis enemigos para fabricar documentos falsos", dijo.

En ningún momento se mencionó el enorme comercio de heroína y opio, aunque es la base del comercio de oro en Dubai. Los cultivadores de adormidera de Helmand (Afganistán) no aceptan papel moneda por sus cosechas, y siempre se les paga en oro. Desde septiembre de 2004, Bhutto vive en Dubai (Emiratos Árabes Unidos), donde cuida de sus hijos y de su madre, enferma de Alzheimer, viaja para dar conferencias y se mantiene en contacto con los seguidores del Partido Popular de Pakistán. Naturalmente, esto lleva a la pregunta. ¿Por qué Dubai?

La respuesta es obvia. Bhutto permaneció en Dubai para supervisar las enormes transacciones de oro realizadas por el Banco de Dubai. Ella y sus tres hijos se reunieron con su marido y su padre en diciembre de 2004, después de más de cinco años.

El 27 de enero de 2007, fue invitada por Estados Unidos a reunirse con el Presidente Bush y con representantes del Congreso y del Departamento de Estado. Bhutto apareció en el programa Question Time de la BBC en el Reino Unido en marzo de 2007. También ha aparecido varias veces en BBC News Night. En mayo de 2007, rebatió los comentarios de Muhammad Ijaz-ul-Haq sobre el nombramiento de caballero de Salman Rushdie, diciendo que llamaba al asesinato de ciudadanos extranjeros.

Bhutto había declarado su intención de regresar a Pakistán en 2007, cosa que hizo, a pesar de las declaraciones de Musharraf en mayo de 2007 de que no se le permitiría volver antes de las elecciones generales del país, previstas para finales de 2007 o principios de 2008, ya que podría ser asesinada. Sin embargo, otras fuentes le advirtieron de que era muy probable que se intentara asesinarla. El tráfico de drogas es un negocio muy peligroso, y quienes cometen el error de cruzarse con las familias de los capos de este lucrativo comercio corren un gran riesgo.

El historiador estadounidense Arthur Herman, en una polémica carta publicada en el *Wall Street Journal* el 14 de junio de 2007, en respuesta a un artículo de Bhutto, muy crítico con el presidente y su política, la describió como "... uno de los líderes más incompetentes de la historia del sur de Asia", y afirmó que ella y otras élites pakistaníes odian a Musharraf porque es un muhajir, hijo de uno de los millones de musulmanes indios que huyeron a Pakistán en el momento de la partición en 1947. Herman también afirmó:

> "Aunque fueron los muhajires quienes actuaron para la creación de Pakistán en primer lugar, muchos paquistaníes étnicos los consideran con desprecio y los tratan como ciudadanos de tercera clase".

Sin embargo, a mediados de 2007, Estados Unidos parecía estar presionando para llegar a un acuerdo en el que Musharraf siguiera siendo presidente, pero abandonara la jefatura del ejército, y Bhutto o uno de sus candidatos se convirtiera en primer ministro.

A pesar de todas las luchas internas, el tráfico de drogas continuó, aparentemente ajeno a los conflictos políticos en curso. Nadie tuvo el valor de dar un paso adelante y bloquear la carretera de Afganistán a los abrigos de Maccra, lo que habría prohibido el comercio masivo de opio. Lo que estaba en juego era simplemente demasiado alto como para que alguien asumiera una tarea tan monumental. En 2007, la DEA informó de que el opio procedente de Afganistán había alcanzado una producción récord de 6.000 toneladas en el año, a pesar de que la principal zona de cultivo de adormidera, Helmand, estaba constantemente patrullada, principalmente por tropas británicas y estadounidenses bajo el mando de la OTAN.

Los amos de la droga han demostrado al mundo una vez más que, independientemente del tipo de gobierno que controle un país (cualquier país, excepto Rusia), pueden seguir haciendo negocio utilizando métodos innovadores, un cambio de ritmo y de dirección. Dudo mucho que el nuevo presidente de EE.UU.,

Barack Obama, pueda aplicar las medidas que quiera tomar. El tiempo lo dirá. Mientras tanto, el negocio multimillonario sigue funcionando. El nuevo "plan de negocio" del cártel de la droga prevé trasladar la distribución de cocaína desde México, el Caribe y Panamá hasta la lejana África.

Además, los dirigentes han reducido el precio de la cocaína en un 50% a nivel mayorista, haciendo que el coste de una "línea" de cocaína sea inferior a 5 dólares, lo que está al alcance de cualquier cliente en la calle. Lo bueno de este plan, desde el punto de vista del cártel, es que los países importadores africanos son fáciles de manejar y, con una o dos excepciones, la aplicación de la ley es extremadamente laxa y muy susceptible a la corrupción.

Otro país por el que entra la cocaína en el mercado europeo es "Kosova", idea de Richard Holbrook, el llamado arquitecto de la destrucción de Serbia, que fue simplemente regalada a Albania, un país decadente que trafica con drogas y trata de blancas. Sí, lo creas o no, el producto nacional bruto de Albania se compone de los ingresos procedentes del tráfico de drogas y de la trata de blancas.

A partir de ahora, el tráfico de cocaína florecerá en Kosovo como lo ha hecho durante cien años en Albania. Cualquier intento de los agentes de la DEA por detenerlo será respondido con intimidación y asesinato. Hasta que la agencia antidroga de la ONU y las fuerzas antidroga de Europa Occidental y Estados Unidos no controlen las nuevas rutas de distribución, los cárteles de la droga tendrán vía libre.

Una actualización de abril de 2009

Hace tres años, las autoridades mexicanas, empujadas por Estados Unidos, declararon la guerra a los narcotraficantes. Como resultado de esta acción, México se enfrenta a un rápido declive y colapso a menos que Estados Unidos intervenga y ayude a México con tropas y financiación adecuada. Aunque la nueva secretaria de Estado de la administración Obama reconoce que la batalla que se libra en México supone un peligro muy real si se extiende a Estados Unidos, recientemente declaró a la cadena de noticias CBS que se está preparando para tomar medidas para ayudar a México con hombres y dinero. Ante el hecho conocido de que los narcotraficantes mexicanos están aterrorizando a México con actos de brutalidad que son horribles, la reticencia hasta ahora de Estados Unidos a ayudar es difícil de entender. No es que México esté muy alejado de Estados Unidos, ni que no tengamos una relación estrecha. De hecho, estamos más cerca de México, diplomáticamente hablando, que de Canadá.

En enero de 2009, terroristas mexicanos secuestraron a diez soldados. Poco después, sus cuerpos acribillados fueron arrojados al lado de una carretera muy transitada. En otro caso, un ciudadano considerado informante de la policía fue secuestrado, le cortaron la cabeza y colgaron su cuerpo en el lateral de un puente de la autopista a la vista de miles de automovilistas que utilizaban el metro.

En 2008, 6.300 personas fueron secuestradas y asesinadas por los narcoterroristas. De hecho, Ciudad de México se ha ganado la poco envidiable reputación de ser la capital mundial del secuestro. Tanto los ricos como los pobres son víctimas. Recientemente, 250.000 personas se reunieron en la plaza principal de Ciudad de México para protestar por la lentitud de la respuesta del gobierno a los narcotraficantes. Pero la verdad es que México no tiene ni la mano de obra ni el dinero para montar el tipo de respuesta abrumadora a los señores de la droga que se necesita. Además, los narcos están mejor armados que el gobierno mexicano.

La policía mexicana y los agentes federales antidroga. Los narcotraficantes disponen de rifles totalmente automáticos y granadas de mano y han derrotado regularmente a la policía mexicana en varias batallas campales. Sus armas de alta calidad se compran al contado a los distribuidores de Estados Unidos. El gobierno estadounidense dice que está presionando para detener estas ventas de armas. Según un reciente estudio de la ONU sobre México, el tráfico de drogas supone la asombrosa cifra de 38.000 millones de dólares al año, y cada vez son más los traficantes que entran en el negocio. La corrupción abunda en las fuerzas antidroga de México, y aunque el Fiscal General de la Nación dice haber adoptado nuevas medidas para frenar el narcotráfico, todo indica que los delitos violentos relacionados con las drogas van en aumento. Hay algunos puntos positivos en este sombrío panorama: en 2008, México detuvo a 57.000 narcotraficantes y se acaba de revelar que el gobierno estadounidense se ha comprometido a destinar 56 millones de dólares más al año para ayudar a México en su lucha contra los barones de la droga.

Como se temía, el narcoterrorismo mexicano se ha extendido a 230 ciudades estadounidenses y es ahora, a mediados de abril de 2009, el primer delito en Estados Unidos. Es nuestro deber unirnos a la lucha constante contra la peligrosa amenaza que supone el narcotráfico para Estados Unidos. Debemos darnos cuenta de que estamos en guerra con hombres despiadados que están decididos a socavar y derribar nuestra gran República. Estados Unidos debe seguir el ejemplo de la presidenta Betancourt de Colombia. Todo el futuro de nuestra nación está en juego. Esta no es una guerra de la que podamos alejarnos. Es una lucha a muerte. Debemos ganar esta guerra. Si no lo ganamos, el enemigo dentro de nuestras puertas habrá dado un paso gigantesco en la implementación de su agenda de esclavitud y oscuridad para todos nosotros, como se prevé en los planes del Gobierno Mundial Único.

JOHN COLEMAN

Ya publicado

OMNIA VERITAS LTD PRESENTA:

EL CLUB DE ROMA
EL THINK TANK DEL NUEVO ORDEN MUNDIAL

Los numerosos acontecimientos trágicos y explosivos del siglo XX no se produjeron por sí solos, sino que se planificaron según un patrón bien establecido...

POR JOHN COLEMAN

¿Quiénes fueron los planificadores y creadores de estos grandes acontecimientos?

OMNIA VERITAS LTD PRESENTA:

LA DICTADURA del ORDEN MUNDIAL SOCIALISTA

Todos estos años, mientras nuestra atención se centraba en los males del comunismo en Moscú, los socialistas de Washington estaban ocupados robando a Estados Unidos...

POR JOHN COLEMAN

"Hay que temer más al enemigo de Washington que al de Moscú"

OMNIA VERITAS LTD PRESENTA:

LAS GUERRAS DEL PETRÓLEO

POR JOHN COLEMAN

El relato histórico de la industria petrolera nos lleva por los vericuetos de la "diplomacia"

La lucha por monopolizar el recurso codiciado por todas las naciones

Los beneficiarios de la demencial situación que padece el mundo

En este libro se sostiene una opinión basada en el principio de causalidad

Vivimos en plena falsificación histórica

OMNIA VERITAS · Omnia Veritas Ltd presenta:
ALBERT SLOSMAN
El libro del más allá de la Vida
La espiritualidad cuyo origen se pierde en la noche de los tiempos...

OMNIA VERITAS · Omnia Veritas Ltd presenta:
ALBERT SLOSMAN
El zodiaco de Dendera
La unión necesaria entre el cielo y la tierra...

OMNIA VERITAS · Omnia Veritas Ltd presenta:
ALBERT SLOSMAN
La astronomía según los Egipcios
Armonizar al Creador con sus criaturas y su creación...

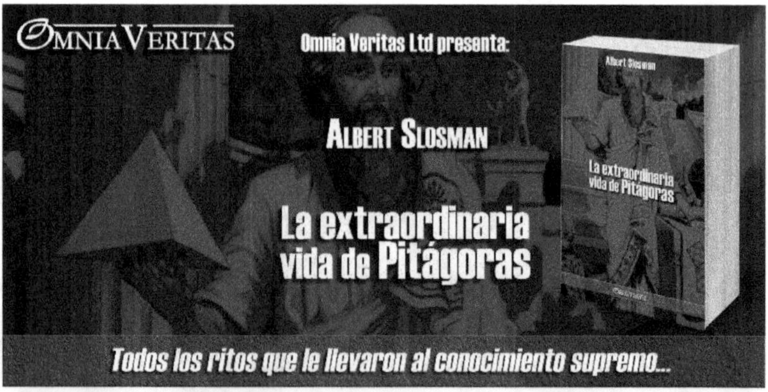
OMNIA VERITAS
Omnia Veritas Ltd presenta:
ALBERT SLOSMAN
La extraordinaria vida de Pitágoras
Todos los ritos que le llevaron al conocimiento supremo...

OMNIA VERITAS
Omnia Veritas Ltd presenta:
ALBERT SLOSMAN
La Gran Hipótesis
Esbozo de una historia del monoteísmo desde los orígenes al fin del mundo
Un intento de evitar que las generaciones futuras renueven un gran cataclismo...

OMNIA VERITAS
Omnia Veritas Ltd presenta:
ALBERT SLOSMAN
LOS SUPERVIVIENTES DE LA ATLÁNTIDA
... ningún historiador ha investigado a los sobrevivientes de este Edén perdido...

Un conocimiento transfigurante de la vida en función de la muerte

La investigación de los principios y de las significaciones últimas...

El conocimiento metafísico es esencialmente "supra-racional"